行政不服審査法
実務ハンドブック

審理員・行政不服審査会委員のノウハウと
審査請求人代理人のスキル

弁護士　石川美津子
弁護士　木村　夏美　[著]

民事法研究会

は し が き

　平成26年に改正された行政不服審査法（平成26年法律第68号、以下「改正法」という）は同年6月13日に公布され、平成28年4月1日に施行された。その改正法施行の直前に、ぎょうべんネット（行政関係事件専門弁護士ネットワーク）編の『新行政不服審査法　審理員のノウハウ・不服申立代理人のスキル──新制度を使いこなすために』（以下、「前書」という）が出版された。前書は、改正法を使いこなし、行政不服申立てで成果を上げることを目的としたものであったが、一方で、改正法施行前に緊急出版されたことから、改正法の実務については記載されていない。本書は、前書の目的・性格を引き継いだうえで、改正法施行後の状況や、行政不服審査法の実務についても記載したものである。

　改正法の主要な特色としては、①不服申立手段の審査請求への一元化、②審理員制度の導入、③第三者機関としての行政不服審査会の設置、④不服申立前置主義の大幅な見直し、⑤不服申立期間の見直しなどがあげられる。制度の公正性の向上と制度利用のしやすさをめざしたものであるが、それが、どの程度成功しているかは、今はまだ道半ばの感がある。しかし、行政不服審査会制度の新設等により、法曹実務家だけでなく、多くの研究者の方が地方自治体や国の行政不服審査会等で活躍されておられる。審査請求をはじめとする不服審査制度は、一般には、裁判所による行政事件訴訟とは異なり、その簡易迅速性が優れた利点としてあげられるが、不服審査制度の大きな利点は、行政機関内部による是正手段であることから、不当性審査が可能である点にもある。そうであるならば裁量統制手段としての有効性の発揮という点からも、法曹実務家だけでなく多くの研究者の方が参画するようになった改正法の下での審査請求等の制度には期待できるものがあるはずである。また、改正法の施行から8年が経過し、審査請求を認容すべきとする審理員意見書、行政不服審査会の答申、裁決も相当数出されるようになった。審査請求自体は棄却相当としつつも、行政に対して対応の改善を求める付言が付される行政不服審査会の答申も多い。このような実務運用によって、国民・市

1

民の権利利益が救済される機会は増え、行政の適正運用が図られてきている。

さらに、改正法附則6条では法施行から5年経過後に、法の施行状況の検討と見直しを行うべきことが規定されているが、同条を受け、総務省が主催した「行政不服審査法の改善に向けた検討会」では、施行時には予想されなかった論点や運用上の問題点が取り上げられ、関係者からのヒアリングなどが行われた。議論の検討の結果は、最終報告(令和4年1月)として取りまとめられ、法改正自体は見送られたが、新たな論点や運用上の問題点についての方向性や見解が示された。令和4年6月には、総務省行政管理局から行政不服審査法事務取扱ガイドラインも発表された。これらは運用面での1つの指針として、より迅速かつ公正な処理を後押しするものと期待される。

一方で、行政不服審査にはなじみがない、特殊な分野であるというイメージがあるといったことから、行政不服審査を取り扱わない法曹実務家もいる。そのような法曹実務家にも、ぜひ本書を参考にして、行政不服審査に取り組んでいただきたい。行政不服審査にかかわる実務家が増えることで、行政不服審査が活性化し、ひいては国民・市民の権利利益の救済に結びつき、行政の適正運営が図られると考えるからである。このようなことから、本書では、行政不服審査法実務の実態をできるだけ具体的に記載すること、改正法の目的に沿った運用とするにはどうすべきかについて述べることを心がけ、審査請求人・代理人、審理員、行政不服審査会委員等、国や自治体の行政不服審査関係者の参考となることをめざした。本書が行政不服審査法に係るすべての方の一助となれば幸いである。

本書の執筆にあたっては、本文に引用させていただいたとおり、多くの著書・論文から示唆をいただき、深く感謝申し上げたい。また、出版にあたっては株式会社民事法研究会のご担当者、特に軸丸和宏氏にも大変お世話になり、心より御礼申し上げたい。

　　令和6年5月

石川美津子

木村　夏美

『行政不服審査法実務ハンドブック』

目　次

第1章　行政不服審査法の概要

第2章　審査請求人側からみる 手続の留意点・スキル

第3章　審理員のノウハウ

第4章　行政不服審査会のあり方

第5章　再調査の請求および再審査請求

第6章　審査庁による裁決

凡　例

[法令等]

法	行政不服審査法
旧法	平成26年改正前行政不服審査法
新法	平成26年改正後行政不服審査法
施行令	行政不服審査法施行令
施行規則	行政不服審査法施行規則
運営規則	行政不服審査会運営規則
行訴法	行政事件訴訟法
行手法	行政手続法
独占禁止法	私的独占の禁止及び公正取引の確保に関する法律
民訴法	民事訴訟法
民訴規	民事訴訟規則

[判例集等]

民集	最高裁判所民事判例集
行集	行政事件裁判例集
判時	判例時報
判タ	判例タイムズ

[文献等]

宇賀　　　宇賀克也『行政不服審査法の逐条解説〔第2版〕』（有斐閣、平成29年）

宇賀Q＆A　　宇賀克也『Q＆A新しい行政不服審査法の解説』（新日本法規
　　出版、平成26年）

ぎょうべんネット編　　ぎょうべんネット編『新行政不服審査法　審理員の
　　ノウハウ・不服申立代理人のスキル』(民事法研究会、平成28年)

コンメンタール行政法Ⅰ　　室井力ほか編著『コンメンタール行政法Ⅰ〔第
　　3版〕』(日本評論社、平成30年)

条解　　小早川光郎＝高橋滋編著『条解行政不服審査法〔第2版〕』(弘文堂、
　　令和2年)

最終報告　　行政不服審査法の改善に向けた検討会「最終報告」(令和4年1月)

最終報告別紙論点　　「行政不服審査制度の見直しに向けた論点整理に関す
　　る調査研究」において整理された各論点と対応

ガイドライン　　総務省行政管理局「行政不服審査法事務取扱ガイドライン」
　　(令和4年6月)

第1章

行政不服審査法の概要

I　平成26年法改正の目的

　行政不服審査法（平成26年法律第68号。以下、「法」または「新法」という）は、審理員による簡易迅速かつ公正な審理を目的として、平成28年4月1日から施行された。

　新たに施行された法の特徴は以下のとおりである。

1　審査請求への一元化

　平成26年改正前行政不服審査法（以下、「旧法」という）においては、基本的に2種類の不服申立てがあり、処分庁に上級行政庁がない場合には異議申立て、上級行政庁がある場合には審査請求を行うことが原則であった（旧法5条および6条）。

　しかし、処分庁に上級行政庁があるか否かの判断が困難な場合があり申立先を誤ったり、また、上級行政庁の有無により、救済手続の内容に差異が生じていた。このようなことから、不服申立ての種類を原則として審査請求のみとして一元化が図られた。

2　審査請求期間の延長

　旧法においては、審査請求は、処分があったことを知った日の翌日から起算して60日以内に行わなければならなかった（旧法14条1項）が、法では、審査請求の期間は3カ月に延長された（新法18条1項）。

3　不服申立前置主義の見直し

　法の改正・施行にあわせ、他の個別法で定められた制度との整合性を図るため、行政不服審査法の施行に伴う関係法律の整備等に関する法律（以下、「整備法」という）が制定され、多くの不服申立前置に関する制度につき改正が行

われた。行政事件訴訟法（以下、「行訴法」という）8条1項ただし書によれば、法令により不服申立前置が規定されている場合には、不服申立てを経なければ取消訴訟等の抗告訴訟を提起することができない。不服申立前置が義務付けられている個別法を検討してみた場合、たとえば、①不服申立ての手続に、訴訟における第1審のような手続・機能が代替されている場合、②処分が大量に行われるもの、③審査請求に対する裁決が高度に専門技術的な第三者機関によってなされることになっているもの等については、司法審査の前に不服申立ての前置を義務付けることに合理性を見出すことができる。しかし、旧法時代に不服申立前置が義務付けられていたすべてのものに合理性が認められるものではなかった。そこで、新法の改正・施行にあわせ、不服申立前置が義務付けられていた96法律のうち、47法律（建築基準法、子ども・子育て支援法、児童扶養手当法、農地法等）については、不服申立前置主義が廃止された。96法律のうち21法律については、不服申立ての一部廃止・一部存置となっている。不服申立前置が存置しているものとして、国税通則法、地方税法、自衛隊法、国家公務員法、電波法等がある。[1]

　以上のような多くの法律について不服申立前置が廃止されたことにより、直ちに訴訟を提起することができる自由選択主義（行訴法8条1項本文）が妥当する領域が広がった。

4　審理員制度

　法改正の最も重要な点は、審理の公正性の確保であり、そのためには、審理主宰者の資格・能力・位置づけが重要となる。旧法においては、審理手続を主宰する職員の資格等についての明文の規定はなく、原処分に関与した職員が手続に関与することも明文では禁じられていなかった。審理主宰者のあり方につき、民主党政権下の行政救済制度検討チームの「行政救済制度検討

1　総務省「不服申立前置の見直しについて」〈https://www.soumu.go.jp/main_content/000281290.pdf〉。

3

チームとりまとめ」では、職権行使の独立が保障された「審理官」の制度を
設けるべきとの提言もなされたが、結局、この案は見送られた。

　新法においては、審理員は審査庁に所属する職員から指名されるが、審査
請求に係る処分への関与は審理員の除斥事由とされ（法9条2項1号等）、旧
法に比べ、手続の公正性が向上した。

5　行政不服審査会への諮問

　また、裁決の客観性と公正性確保のため、第三者機関としての行政不服審
査会が設置され（国については総務省（法67条1項）、地方公共団体については法
81条1項・2項）、審査庁は、原則として、この行政不服審査会への諮問を行
うことが義務付けられた（法43条1項）。旧法においてはこのような制度はな
く、新たに創設された機関である。諮問に対する答申には法的拘束力はない
ものの（ただし、法50条1項4号）、行政不服審査会への諮問により、審査庁
の裁決に客観性・公正性が確保されることとなった。

II　不服審査請求をめぐる現状

1　新法施行後5年の経過と検討会最終報告

　新法は、平成28年4月1日から施行され、令和3年4月に施行5年が経
過した。

　法附則6条は、法施行後5年経過後に、「この法律の施行の状況について
検討を加え、必要があると認めるときは、その結果に基づいて所要の措置を
講ずるものとする」と定めている。総務省行政管理局長の主催で、髙橋滋法
政大学教授を座長とし、「行政不服審査法の改善に向けた検討会」が開催され
た。法施行後5年を経過する中で、新たな疑問点や改善・改正すべき課題が
出てくるようになり、その課題を検討するため、上記検討会は各省庁や関係

団体等からもヒアリングを行うなどして、令和4年1月に「行政不服審査法の改善に向けた検討会最終報告」(以下、「最終報告」という)をまとめた。この「最終報告」の中で標準処理期間の設定や迅速な審理員の指名等その他多くの論点につき、その考えが示されている[2]。

2　事務取扱ガイドラインの策定と公表

新たな不服審査制度については、その運用面においても、明確でない点や施行当初には予想し得なかった論点も多くあり、総務省行政管理局は、運用のための具体的指針として、令和4年6月に行政不服審査法事務取扱ガイドライン(以下、「ガイドライン」という)を策定し公表した。このガイドラインは、本文と様式編から構成され、総務省のウェブサイトからダウンロードが可能である[3]。

3　審査請求の件数

総務省では、令和元年度の施行状況につき、調査に基づくデータを公表している(諮問・答申の状況については、第4章参照)。

審査請求における認容率や審理期間を見てみると以下のとおりである。訴訟の場合との比較により、訴訟提起の前に審査請求を行うのか、直ちに訴訟提起を行うかについての判断材料となる(後記(3))。

(1)　国[4]

国の場合であるが、令和元年度の統計を見ると、審査請求の処理済件数は2万7362件であり、そのうち認容件数は1395件で、認容率はわずか5.1％で

2　行政不服審査法の改善に向けた検討会「最終報告」〈https://www.soumu.go.jp/main_content/000787650.pdf〉。

3　総務省行政管理局「行政不服審査法事務取扱ガイドライン」(本文)〈https://www.soumu.go.jp/main_content/000904363.pdf〉、同〔様式編〕〈https://www.soumu.go.jp/main_content/000904364.pdf〉。

4　総務省行政管理局「令和元年度行政不服審査法施行状況調査(国における状況について)」(令和3年3月)〈https://www.soumu.go.jp/main_content/000742389.pdf〉。

ある。棄却が1万4904件（54.5％）、却下が1万0946件（40.0％）である。

　審理期間についてみると、9カ月超1年以内が8835件（32.3％）、6カ月超9カ月以内が4802件（17.5％）、3カ月超6カ月以内が5166件（18.9％）で、全体として、80.9％は1年以内に終結しているようである。

⑵　地方公共団体[5]

　また、地方公共団体（都道府県・政令市）においては、令和元年度の審査請求の処理件数は、9766件であり、認容件数は463件で認容率4.7％であり、棄却は7002件（71.7％）、却下は2261件（23.2％）、その他が40件（0.4％）となっている。

　審理期間については、1年超が2783件（28.5％）、1年以内が6983件（71.5％）であった。

⑶　訴訟との比較

　一方、行政事件訴訟について直近の令和4年度の司法統計（令和5年8月）を見ると、既済事件1912件、終局判決1476件のうち認容は170件であり、認容率は11.5％程度である[6]。また、平均審理期間は16.4カ月であるが（その前年は18カ月）、証人尋問を経た事件では32.1カ月とされ、5年を超える事件も31件あった[7]。行政事件訴訟は難事件が多く、事案にもよるが、審理にかなりの期間を要することは確かである。

4　勉強会や研究等

　新法については、施行後8年を経過し、参考となる研究や論文も多く公刊されている。たとえば、論究ジュリスト32号（2020Winter）「特集2　行政不

5　総務省行政管理局「令和元年度行政不服審査法施行状況調査（地方公共団体における状況について）」（令和3年3月）〈https://www.soumu.go.jp/main_content/000752474.pdf〉。

6　最高裁判所事務総局「令和4年司法統計年報」第60表。

7　最高裁判所事務総局「裁判の迅速化に係る検証に関する報告書（令和5年7月）」135頁、140頁。

服審査会答申を読み解く」や、同38号（2022Spring）「特集 2　行政不服審査制度の見直し」、直近では、行政法研究49号（信山社、2023年 4 月）「特集 I　行政不服審査法の意義と課題」（深澤龍一郎名古屋大学教授ほか）において、さまざまな視点から、答申や裁決の分析等もなされている。

　また、審査請求に係る関係者らが情報交換ができる勉強会や交流会は実務的観点から有用である。日本弁護士連合会でも毎年、行政不服審査法に関するシンポジウムを開催しており、また、一般財団法人行政管理研究センターにおいても、交流会やセミナー等が開催されている。

第2章

審査請求人側からみる
手続の留意点・スキル

I　不服審査請求にあたって

1　審査請求の流れ

　審査請求は、行政救済の手段であり、行政上の不服申立制度である。処分についての審査請求（法2条）と不作為（法3条）についての審査請求がある。

　審査請求の大まかな流れは〈図〉のとおりである。

　処分または不作為について不服のある者は、原則として、処分庁の最上級行政庁（上級行政庁が存在しない場合には処分庁等）に審査請求を申し立て、審査庁は、審査請求の内容を審理するため審理員を指名して、当該審理員が審理手続を行い、審査請求についての審理員意見書を作成する。審理員意見書が作成され提出された際には、審査庁は審理員意見書等とともに、第三者機

〈図〉　審査請求の手続の流れ

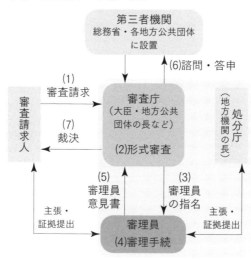

出典：政府広報オンライン「より公正に、より使いやすくなりました。
　　　『行政不服審査制度』をご利用ください」（平成28年5月19日）

関（通常の場合は、名称として「行政不服審査会」）に諮問を行い、答申が返っ
てきた際には、その答申を踏まえて、裁決を行う。

2　訴訟提起か審査請求かの選択

(1)　不服申立前置主義の見直し

前記のとおり（第1章参照）、多くの法律において不服申立前置主義が廃止
された。処分に不服のある者は、法の定めが特にない限りは、審査請求を提
起することもできるし、直ちに取消訴訟（行訴法3条2項）等の抗告訴訟を提
起することもできる（自由選択主義、行訴法8条）。そこで、処分に不服があり、
処分の取消しを求める場合に、審査請求の申立てをするか直ちに訴訟提起を
行うかについては、以下の点などを考慮して判断すべきであろう。

(A)　簡便性と費用

不服審査請求も基本的には書面によることが必要であり（法19条1項）、必
要的な記載事項も定められているが（同条2項）、行政事件訴訟を提起する場
合に提出する訴状（行訴法7条、民訴法133条2項、民訴規53条1項・2項）よりも、
簡便な記載内容で足りる（後記Ⅱ5・【書式1】）。また、行政事件訴訟として
処分取消訴訟を提起するためには、申立費用として金1万3000円（訴額は算
定不能であることから、金160万円と扱われる）の訴訟費用がかかるが、審査請
求の申立自体について費用はかからない。

また、訴訟においては、証拠提出にあたり証拠説明書の作成と提出が必要
であるが（民訴規137条1項）、審査請求においては、そのような厳格な要件
は定められていない。

(B)　認容率、審理期間

訴訟との比較は、第1章Ⅱ3のとおりである。認容率それ自体については
大きな差はなく、審理期間は必然的に訴訟のほうが長くなる傾向がある。な
お、審査請求の件数と、裁判所に提訴される行政事件の件数を比較すると、
審査請求の裁決後に訴訟に移行しているケースは、実はあまり多くないと思

われる。代理人が付いていない審査請求では、訴訟への移行は断念されているか、当初から、訴訟提起までは想定していない事案が多いと推測される。

(C)　審理手続と救済

行政事件訴訟においては、基本的には弁論主義が妥当することから（ただし、行訴法24条のような例外もある）、審理の対象は当事者の主張した事実に限られ、証拠提出についても当事者の責任とされる。一方で、処分権主義の適用は一部制限され、抗告訴訟等においては、一般には和解（民訴法264条・265条）は行わないとされていることから（ただし、理論的には議論のあるところである）、紛争解決は判決によらざるを得ず、柔軟な解決を模索しにくい。

これに対し、審査請求においては、職権探知主義が妥当するとされ[1]、証拠収集の方法等につき、より職権主義的な運用がなされている。また、審査庁が上級行政庁または処分庁である場合には、裁決の種類は認容もしくは棄却（却下）のみではなく、処分の変更もありうる（法46条1項）。

(D)　処分庁側の主張の明確化

不利益処分・申請拒否処分については、行政手続法上、理由の提示が必要とされるが（行手法8条、14条）、実際には、処分時に提示された理由だけでは処分理由が明瞭でないことも多い。そのような場合、審査請求の手続の中で、弁明書（法29条）を受けとることにより、処分庁側の理由づけがより具体化する場合がある。弁明書における記載理由は、その後の訴訟において被告側（行政主体）を拘束するものではなく、一般に訴訟における理由の差替え自体も認められてはいるが、処分理由の変遷は、処分時における合理的理由が欠如していたことの証左となる。その意味で、審査請求を経ることにより、処分庁側の理由づけを知り、また、その後の理由の変遷をある程度抑止する機能も期待できるといえよう。

1　条解156頁。

(E)　不当性審査

　司法審査は不当性審査はできないが、審査請求は、行政機関による審理であり、不当性審査が可能である（不当性審査については、後記第4章Ⅳ3(2)）。現状では、「不当」のみを理由として請求を認容する例は決して多くないが、「不当性」審査は、裁量統制の方法としても有効であり、また、近時「不当性」についての議論や研究も多く行われていることから、「不当性」による統制を期待することも可能である[2]。

(2)　代理人としての判断

　以上に掲げた点を念頭に置きながら、処分に不服を有する者の代理人としては、事案の概要や獲得目標を十分に検討して、審査請求か、直ちに訴訟提起を行うかを判断することになる。

Ⅱ　審査請求の入口

1　審査請求における当事者・関係者

(1)　当事者（審査請求人）

(A)　処分についての審査請求

　不服申立てを行うことができるのは、「行政庁の処分に不服がある者」（法2条）である。「不服がある者」とは、最判昭和53・3・14民集32巻2号211頁は、当該処分により自己の権利もしくは法律上保護された利益を侵害された者または必然的に侵害されるおそれのある者とし、当該処分について法律上の利益がある者としている。すなわち、判例によるならば、行政事件訴訟法における原告適格と同一になると考えられる[3]。しかし、不服審査請求制

2　最終報告57頁、稲葉馨「行政法上の『不当』概念に関する覚書」行政法研究3号7頁、平裕介「行政不服審査法活用のための『不当』性の基準」公法研究78号239頁。

3　宇賀17頁。

度の簡易迅速な救済手段としての性格に鑑みるならば、より広く不服申立適格が認められるべきではないか、検討の余地があると思われる[4]。

(B)　不作為についての審査請求

不作為についての審査請求は、「法令に基づき行政庁に対して処分についての申請をした者」（法3条）に限られる。そのため、抗告訴訟におけるいわゆる非申請型義務付け訴訟（行訴法3条6項1号、37条の2）の原告適格者は、不服申立適格が認められないことになる。

(2)　法人でない社団または財団

法人格なき社団または財団は、権利能力が認められないが（民法33条、34条）、法人格のない社団または財団であっても、代表者または管理人の選任の定めがある場合には、不服申立適格が認められる（法10条）。民事訴訟法29条と同様の規定である。

具体的には、「学校の同窓会、同業者の団体、町内会（略）、学会」[5]等が考えられる。審査請求にあたっては、審査請求書に代表者の資格を証する書面を添付する必要がある（施行令4条2項）。

(3)　総　代

共同で審査請求をしようとするときは、3人を超えない総代を互選することができるとしている（法11条1項）。

共同審査請求は、「①複数の主体の関連紛争が同時に統一的に審理され」ることや、「②複数の当事者から様々な主張、証拠方法が提出されることにより、多角的総合的に審査が行われる」というメリットがある[6]。

ただし、どのようなケースが共同審査請求の要件を満たすかについては具体的な規定はない。民事訴訟における通常共同訴訟（民訴法38条）は、①訴

4　本多滝夫「不服申立適格論の再考」福家俊朗＝本多滝夫編『行政不服審査制度の改革』（2008年）76頁以下、大橋洋一『行政法Ⅱ〔第4版〕』（2021年）348頁。
5　条解87頁。
6　条解89頁。

訟の目的である権利または義務が数人について共通であるとき、②同一の事実上および法律上の原因に基づくとき、③訴訟の目的である権利または義務が同種であって事実上および法律上の同種の原因に基づくとき、のいずれかの要件を満たす必要があるとしており、行政事件訴訟においては、行訴法13条に定める関連請求に該当する場合に同法17条の共同訴訟を認めている[7]。

　総代が選任された場合には、総代は、各自で、審査請求の取下げを除き、当該審査請求に関するいっさいの行為を行うことができる。共同審査請求人は、当該審査請求に関する行為を総代を通じてのみ行うことができる（法11条3項・4項）。共同審査請求人は、必要がある場合には、総代を解任することができる（同条6項）

(4)　代理人

　審査請求は、代理人によっても行うことができる（法12条1項）。審査請求人の代理人は、当該審査に関するいっさいのことができるが、審査請求の取下げについては、特別の委任が必要である（同条2項）。

　審査請求においては、民訴法54条1項のように原則として代理人資格を弁護士に限定する規定はない。ただし、弁護士法72条は、弁護士以外のものが「報酬を得る目的」で「行政庁に対する不服申立事件」を扱うことを禁止している。例外として、司法書士、土地家屋調査士、税理士等については、法律で不服申立事件の代理業務を行うことは認められている。したがって、上記以外の者については、事実上審査請求人の代理人に就任することはできないと解される。

　代理人が選任された場合には、代理人の資格を証する書面を審査請求書の正本に添付する必要がある（施行令4条2項）。

(5)　参加人（利害関係人）

　審査請求に利害関係を有する者は、利害関係人として、審理員の許可を得

7　条解91頁。

て、当該審査請求に参加することができる（法13条）。利害関係人につき、法
13条1項かっこ書は、「審査請求人以外の者であって審査請求に係る処分又
は不作為に係る処分の根拠となる法令に照らし当該処分につき利害関係を有
するものと認められる者」と規定している（なお、行手法17条1項では、聴聞
手続に参加しうる「参加人」につき、「当事者以外の者であって当該不利益処分の根
拠となる法令に照らし当該不利益処分につき利害関係を有するものと認められる
者」と定義されている）。

　利害関係は事実上の利害関係では足らず、法律上の利害関係を有するこ
とが必要であるが、審査請求人と利害が一致する必要はないと解されてい
る。また、現在利害関係を有する者だけでなく、将来利害関係を有する者
も含まれるとされる。参加にあたっては、審理員の許可が必要である（法13
条1項）。

　参加人には、口頭意見陳述権（法31条1項）、証拠書類または証拠物の提出
権（法32条1項）が認められている。

　また、審査請求の判断にあたり、必要と思われる利害関係人が自ら参加し
ない場合もあるため、審理員が職権で参加を求めることができるとしている
（法13条2項）。

(6)　処分庁および不作為庁

　審査請求に係る処分を行った行政庁が処分庁であり、同様に、審査請求の
対象となる不作為に係る行政庁が不作為庁である（法4条1号）。

(7)　審査庁

　法4条または他の法律もしくは条例の規定により審査請求がされた行政庁
（法14条の規定により引継ぎを受けた行政庁も含む）をいい、審査請求の手続を
行う行政庁である。

8　条解99頁。
9　宇賀80頁。

⑻　審理員

審理員は、審査請求において審理手続（法第2章第3節）を行う者であり、審査庁に所属する職員のうちから指名される（法9条1項。後記8）。

⑼　行政不服審査会

行政不服審査会は諮問機関であり、審査庁からの諮問を受け（法43条）、第三者機関として答申を行う機関である（後記第4章）。

2　審査請求の対象

審査請求の対象は、「処分」と「不作為」である。

⑴　処　分

審査請求の対象は、「行政庁の違法又は不当な処分その他公権力の行使に当たる行為」（法1条1項）であり、行訴法3条2項の定義と同様に解される。すなわち、権力的事実行為も含まれる。

「処分」に該当するかにつき、行政事件訴訟におけると全く同様の判断基準を適用すべきか明確にされているわけではなく、敢えて「別異に解する必要性は薄い」とも考えられるが、この点も、救済の簡易迅速性や不当性審査の権限を有すること等から、司法審査の場面と必ず同一の判断が必要であるかについては、検討の余地があるように思われる。

⑵　不作為

行政庁の不作為も審査請求の対象となる。すなわち、「法令に基づき行政庁に対して処分についての申請をした者」は、申請から相当の期間が経過したにもかかわらず、行政庁が応答しない場合には、当該不作為についての審査請求ができる（法3条）。申立適格は、行訴法37条の定める不作為違法確認訴訟の原告適格と基本的には同様に判断されるであろう。

「申請をした者」に限られるので、非申請型義務付け訴訟（行訴法37条の2）

10　条解17頁。

における原告適格者は含まれない。

3　不服審査請求と適用除外

　行政庁の処分等に対し不服がある場合であっても、法 7 条には、多くの例外が規定されており、同条 1 項以下に該当する場合には、法 2 条、3 条に基づく審査請求をすることはできない。

⑴　法 7 条 1 項

法 7 条 1 項は、1 号から12号まで例外事由を掲げている。

① 　国会の両院もしくは一院または議会の議決によってされる処分（ 1 号）

② 　裁判所もしくは裁判官の裁判により、または裁判の執行としてされる処分（ 2 号）

③ 　国会の両院もしくは一院もしくは議会の議決を経て、またはこれらの同意もしくは承認を得たうえでされるべきものとされている処分（ 3 号）

④ 　検査官会議で決すべきものとされている処分（ 4 号）

　以上の 1 号から 4 号に規定された、国会、地方議会、裁判所および会計検査院法に定められた検査官会議は、いずれも通常の行政機関とは異なる独立した地位が保障されており、それぞれ、固有の分野の手続により処分が行われることから、法 2 条、3 条の適用が除外される。

⑤ 　当事者間の法律関係を確認し、または形成する処分で、法令の規定により当該処分に関する訴えにおいてその法律関係の当事者の一方を被告とすべきと定められているもの（ 5 号）

　同号は、いわゆる行訴法 4 条前段が規定する形式的当事者訴訟に関するものである。法令により、処分に係る関係当事者間の訴訟として争うことを定めている場合には、法 2 条等による審査請求ではなく、形式的当事者訴訟によるべきことを定めたものである（例として土地収用法133条 3 項）。

⑥ 　刑事事件に関する法令に基づいて検察官、検察事務官または司法警察職員がする処分（ 6 号）

　同号に規定される処分は、刑事訴訟法等により規律されており、裁判所による慎重な手続の関与も規定されていることから、法2条、3条の適用除外とされる。

　⑦　国税または地方税の犯則事件に関する法令に基づいて国税庁長官, 国税局長、税務署長、国税庁、国税局もしくは税務署の当該職員、税関長、税関職員または徴税吏員がする処分および金融商品取引の犯則事件に関する法令に基づいて証券取引等監視委員会、その職員、財務局長または財務支局長がする処分（7号）

　同号についても、法令により慎重な手続が規定されていることから、法2条、3条の適用除外とされている。

　⑧　学校、講習所、訓練所または研修所において、教育、講習、訓練または研修の目的を達成するために、学生、生徒、児童もしくは幼児もしくはこれらの保護者、講習生、訓練生または研修生に対してされる処分（8号）

　⑨　刑務所、少年刑務所、拘置所、留置施設、海上保安留置施設、少年院、または少年鑑別所において、収容の目的を達成するためにされる処分（9号）

　以上の8号および9号については、処分の特殊な性格やその目的に照らして、法2条等の審査請求手続の適用が除外されるものである。

　⑩　外国人の出入国または帰化に関する処分（10号）

　外国人の出入国に関する処分は、基本的に国家の主権にかかわる事項であり、その処分の特殊性から法2条等による審査請求手続が除外されている。同号該当の処分としては、上陸の許可に関する処分（出入国管理及び難民認定法9条1項等）、在留資格の変更許可に係る処分(同法20条1項)等があげられる。

　なお、難民認定に関する処分については、適用除外とはならず、審査請求の対象となる（出入国管理及び難民認定法61条の2の9。一方、行政手続法3条1項10号は、難民認定に関する処分につき適用除外規定をおいている）。しかし、

審査請求の期間は７日に短縮されており（出入国管理及び難民認定法61条の２の９第２項）、処分庁側の弁明書の提出義務（法29条）はなく、口頭意見陳述（法31条）についても放棄を求められる運用が多くなっていることから、改善が求められるところである。[11]

⑪　専ら人の学識技能に関する試験または検定の結果についての処分（11号）

人の能力や知識に関する評価は、高度に専門的・技術的であり、その処分の特殊性から、法２条等に基づく審査請求を適用除外としている。

⑫　行政不服審査法に基づく処分（第５章第１節第１款の規定に基づく処分を除く）

法に基づく裁決（法45条以下）等は、すでに、処分（法２条）や不作為（法３条）に対する判断を尽くしているのであるから、これに対する審査請求をあらためて認めることの必要性が乏しく、簡易迅速な救済という観点からも好ましくないことから、適用除外とされている。ただし、行政不服審査会の設置および組織に関する処分（法第５章第１節第１款の規定に基づく処分）については、審査請求の対象とされる（法７条１項12号かっこ書）。

(2)　法７条２項

行政庁が行う処分の中には、国の機関または地方公共団体が処分の名あて人となる場合があり、これらの機関または団体がその固有の資格において当該処分の相手方となるものおよびその不作為についても、法２条、３条に基づく審査請求をすることができない（法７条２項）。

なお、沖縄県知事が沖縄防衛局に対して行った公有水面埋立承認（公有水面埋立法42条１項）取消処分につき、審査請求がなされ、国土交通大臣が当該取消処分を取り消す旨の裁決を行ったことから、沖縄県知事が当該裁決の

11　日本弁護士連合会「行政不服審査法改正に伴う出入国管理及び難民認定法改正案に対する会長声明」（2014年５月23日）、同「行政不服審査法改正の趣旨に沿った、難民不服審査制度の正常化を求める会長声明」（2020年８月27日）。

取消しを求めた訴訟において、原告である沖縄県知事は、本件における当該公有水面埋立承認は、国の機関が「固有の資格」において相手方となる処分であることから、法7条2項が適用され、審査請求の対象とならない旨を主張した。これに対して、最高裁判所は、処分の名あて人が一般人であっても国の機関であっても、その処分要件と効果は同じであるとして、「埋立承認は、国の機関が……『固有の資格』において相手方となるものということはできない」と判断した（最判令和2・3・26民集74巻3号471頁・判時2458号3頁・判タ1476号28頁）[12]。

4　審査請求先

審査請求先は、原則として、審査庁であり処分庁の最上級行政庁となる（法4条4号）。しかし、地方自治法に基づく法定受託事務（地方自治法2条9項）の場合等、審査請求先が明確でない場合もある。多くの場合、処分の通知書に審査請求先の教示があり、その教示に従って審査請求を行えばよく（法22条1項・2項）、また、処分庁を経由して審査請求を行うことも可能であり（法21条）、処分庁に必要書類を提出することもできる。

法が定める審査請求先は以下のとおりである。

(1)　当該処分庁等

処分庁等に上級行政庁がない場合には、当該処分庁等が審査庁となる（法4条1号）。そのため、会計検査院の長、人事院総裁、公正取引委員会の委員長が行った処分は、それぞれ、処分庁が審査請求先となる。普通地方公共団体の長、地方公共団体の長以外の執行機関（委員会および委員）および特別地方公共団体の長についても上級行政庁が存在しないため、処分庁が審査請

12　本件については、学説上の批判がある。また、本件では、地方自治法255条の2第1項1号の裁定的関与が、都道府県が処理する法定受託事務につき、審査請求の請求先（審査庁）を所管の大臣としていることから、裁決により、国が都道府県への介入を可能にするような制度設計も問題とされており、当該制度を含め、議論が必要であると思われる（行政法判例百選〔第8版〕130解説〔門脇雄貴〕）。

求先となる。

処分庁等が主任の大臣もしくは宮内庁長官もしくは内閣府設置法49条1項もしくは2項もしくは国家行政組織法3条2項に規定する庁の長官である場合も同様であり、処分庁等の自律的な性格に鑑み、当該処分庁等が審査請求先となる。

(2)　宮内庁長官または当該庁の長（法4条2号）

宮内庁長官または内閣府設置法49条1項もしくは2項もしくは国家行政組織法3条2項に規定する庁の長が処分庁等の上級行政庁である場合には、さらに上級行政庁があるとしても（たとえば内閣や内閣総理大臣）、その自律的な性格に鑑み、宮内庁長官または当該庁の長が審査請求先となる。

(3)　当該主任の大臣

法4条1号もしくは2号の場合を除いて、処分庁等の上級行政庁が主任の大臣である場合には、当該主任の大臣が審査請求先となる（法4条3号）。すなわち、最上級行政庁は本来内閣であるはずであるが、主任大臣の自律性に鑑み、内閣ではなく、主任の大臣を審査請求先とした。したがって、たとえば、地方運輸局長が行った処分については、国土交通大臣が審査請求先となる[13]。

(4)　最上級行政庁

前記(1)(2)(3)以外の場合については、審査の公正さを確保するため、処分庁ではなく、上級行政庁がある場合には、その最上級行政庁が審査庁となる（法4条4号）。地方自治法255条の2に基づく法定受託事務の場合、審査請求先は都道府県知事である[14]。

13　宇賀27頁。
14　生活保護法に基づく処分にみられるように、処分庁は同じでも、処分根拠となる条文により、審査庁が異なる場合がある。すなわち、市町村設置の福祉事務所長による処分につき、①保護の決定等に関する処分については、審査庁は都道府県知事であるが（生活保護法64条、法4条柱書）、②生活保護法78条に基づく処分については、審査庁は市町村長となる（法4条4号）。

5　審査請求

(1)　審査請求期間

(A)　原　則

処分についての審査請求は、原則として、処分があったことを知った日の翌日から起算して3カ月以内にすることが必要である（法18条1項）。旧法においては、審査請求期間は60日であったが（旧法14条1項）、権利救済の機会確保のため、新法において3カ月とされた。

(B)　正当な理由

ただし、正当な理由がある場合には、3カ月の期間を徒過しても審査請求を行うことができる。旧法においては「やむを得ない理由」と規定されており、行政庁が教示義務に違反して審査請求期間を教示しなかった場合に審査請求人が審査請求期間を誤解したとしても、それだけでは「やむを得ない理由」にはあたらないと判断された（東京地判昭和45・5・27行集21巻5号836頁）。新法のもとでは、行政庁が審査請求期間を教示せずまたは誤って長期の審査請求期間を教示したような場合で、かつ、他の方法では正しい審査請求期間を知ることができなかったような場合には、「正当な理由」があったと解されるとされる[15]。

(2)　審査請求書についての法令の定め

法19条1項は、他の法令による定めがない限り、審査請求は、審査請求書、すなわち書面を提出して行うべきことを定めている。条例に基づく処分については条例で定めをおくことが可能であるが、ほとんどの自治体でも書面提出を義務付けているようである。なお、口頭での審査請求を認めているものとして、国民健康保険法99条、介護保険法192条、障害者の日常生活及び社会生活を総合的に支援するための法律101条等があげられる。

15　宇賀96頁。

(3)　審査請求書の記載

審査請求書に記載すべき事項は、法19条2項ないし5項で規定されている（処分についての審査請求につき【書式1】、不作為についての審査請求につき【書式2】参照）。

① 処分についての審査請求（法19条2項）

 ⓐ 審査請求人の氏名または名称、住所または居所（1号）

 ⓑ 審査請求人の代理人の氏名、住所または居所（代理人により審査請求する場合。法19条4項）

 ⓒ 審査請求に係る処分の内容（2号）

 ⓓ 審査請求に係る処分（当該処分について再調査の請求についての決定を経たときは、当該決定）があったことを知った年月日（3号）

 ⓔ 審査請求の趣旨（4号）　審査請求においては、処分の取消しだけでなく、変更を求めることも可能である。

 ⓕ 審査請求の理由（4号）　最初に提出する審査請求書において、詳細な理由を記載することが難しい場合もある。したがって、その場合には、詳細な理由までは記載することができないが、処分の違法性を基礎づける事実を端的に記載することになるであろう。また、訴状におけると同様、実体的な違法と、手続的違法に分けて論じることも可能である。

なお、裁決後に訴訟への移行・上訴を想定するのであれば、原告側の立論に矛盾等が生じないよう、留意することも必要である（ちなみに、行政事件訴訟の上訴率は59.1％で非常に高い[16]）。

 ⓖ 処分庁の教示の有無（5号）

 ⓗ 審査請求の年月日（6号）

② 不作為についての審査請求（法19条3項）

16　最高裁判所事務総局「裁判の迅速化に係る検証に関する報告書（令和5年7月）」141頁。

【書式1】　審査請求書——処分についての審査請求の場合

審査請求書

〇年〇月〇日
（審査請求の年月日）

（審査庁）　〇〇　〇〇殿

　　　審査請求人　Ａ県Ｂ市Ｃ町50番地
　　　　　　　　　〇〇　〇〇
　　　　　　　　　（連絡先　0000-00-0000（電話番号））
　　　　　　　　　（連絡先　000@000.00.00（メールアドレス））

【審査請求人が法人等の場合】
Ａ県Ｂ市Ｄ町30番地
株式会社〇〇〇
Ａ県Ｂ市Ｄ町40番地
代表取締役　〇〇　〇〇
（連絡先　0000-00-0000（電話番号））
（連絡先　000@000.00.00（メールアドレス））

【審査請求人が総代を互選した場合】
Ａ県Ｂ市Ｄ町10番地
総代　〇〇　〇〇
（連絡先　0000-00-0000（電話番号））
（連絡先　000@000.00.00（メールアドレス））
Ａ県Ｂ市Ｄ町20番地
〇〇　〇〇
Ａ県Ｂ市Ｄ町30番地
〇〇　〇〇
Ａ県Ｂ市Ｄ町40番地
〇〇　〇〇
（以下、全員連記）

【審査請求を代理人がする場合】
Ａ県Ｂ市Ｃ町50番地
〇〇　〇〇
Ａ県Ｂ市Ｄ町10番地
代理人　〇〇　〇〇
（連絡先　0000-00-0000（電話番号））
（連絡先　000@000.00.00（メールアドレス））

次のとおり審査請求をします。

1　審査請求に係る処分の内容

　　（処分庁）の〇年〇月〇日付けの審査請求人に対する〇〇に関する処分（当該処分の文書番号がある場合は併せて記載することが望ましい）^(注1)

2　審査請求に係る処分があったことを知った年月日

　　〇年〇月〇日

3　審査請求の趣旨^(注2)

　　「1記載の処分（のうち〇〇に関する部分）^(注3)を取り消す」との裁決を求める。

4　審査請求の理由（例）

　(1)　（処分に至る経緯等を記載の上）（処分庁）から1に記載する処分を受けた。

　(2)　（処分庁は）、その理由を、……のためとしている。

　(3)　しかしながら、本件処分は、……であるから、〇〇法第〇条の規定に違反しており、違法である。

　(4)　本件処分により、審査請求人は、……（法的権利又は利益）を侵害されている。

　(5)　以上の点から、本件処分（のうち〇〇に関する部分）^(注3)の取消しを求めるため、本審査請求を提起した。

5　処分庁の教示の有無及びその内容

　　「この決定に不服がある場合は、この決定があったことを知った日の翌日から起算して3月以内に、行政不服審査法（平成26年法律第68号）第2条の規定により、（審査庁）に審査請求をすることができます」との教示があった。

6　その他として、次の書類を提出します。（ある場合）

　(1)　添付書類　　　〇〇　　1通^(注4)

　(2)　証拠書類等　　〇〇　　1通^(注5)

注1　処分の特定に問題がない場合には、「（処分の決定書等の文書番号）の処分」という記載をすることも差し支えない。

注2　処分の取消しを求める審査請求なのか、それ以外の審査請求なのかを記載する。

注3　括弧書きは、処分の一部の取消しを求める場合に記載する。

注4　添付書類としては、例えば、総代や法人の代表者等の資格を証明する書面、委任状等がある。

注5　審査請求に係る処分の通知書の写しを添付する場合は、こちらに記載する。

　　　　　　　　　　　　　　（出典：ガイドライン〔様式編〕1頁、2頁〔様式例第1号〕より）

【書式２】　審査請求書──不作為についての審査請求の場合

審査請求書

○年○月○日
（審査請求の年月日）

（審査庁）　○○　○○殿
　　　　　審査請求人　Ａ県Ｂ市Ｃ町50番地
　　　　　　　　　　　○○　○○
　　　　　　　　　（連絡先　○○○○-○○-○○○○（電話番号））
　　　　　　　　　（連絡先　○○○@○○○.○○.○○（メールアドレス））

　次のとおり審査請求をします。

１　当該不作為に係る処分についての申請の内容及び年月日
　　審査請求人は、○年○月○日、（不作為庁）に対して、○○法第○条の規定
による○○○を求める申請をした。

２　審査請求の趣旨
　　１記載の申請について、速やかに許可（許可等の記載は、上記求めの内容に応
じて適宜変更する）の処分をするよう求める。

３　その他として、次の書類を提出します。（ある場合）
　(1)　添付書類^(注1)　　○○　　１通
　(2)　証拠書類等^(注2)　　○○　　１通

注１　添付書類としては、例えば、総代や法人の代表者等の資格を証明する書面、委任状等がある。
注２　当該不作為に係る処分についての申請書の写しを添付する場合は、こちらに記載する。

（出典：ガイドライン〔様式編〕３頁〔様式例第１号〕より）

- ⓐ　審査請求人の氏名または名称および住所または居所（1 号）
- ⓑ　審査請求人の代理人の氏名、住所または居所（代理人により審査請求を行う場合。法19条 4 項）
- ⓒ　当該不作為に係る処分についての申請の内容および年月日（2 号）

　　　不作為についての審査請求は、申請から相当の期間が経過していない場合には却下されることになるため（法49条 1 項）、申請の内容および年月日を特定する必要がある。

- ⓓ　審査請求の年月日（3 号）

⑷　添付すべき証拠等

　法は、審査請求人の証拠提出権を認めており（法32条 1 項）、審査請求書に証拠を添付して提出することが可能である。審査請求書の提出段階で添付できる証拠は限られているかもしれないが、処分についての申請に係る書類や、処分庁から送付された処分に係る書類等は添付したほうが、事案の理解を容易にするであろう。また、審理手続の中で、処分庁側から提出される資料や証拠提出を待つだけでなく、情報公開制度を利用して、処分決定過程に関する書類等を入手することが考えられる。

⑸　請求認容に向けて

　審査庁が審理員意見書（法42条）もしくは審査会の答申（法79条）と異なる裁決を出す場合には、その合理的な理由が必要である（法50条 1 項 4 号）。したがって、認容の審理員意見書および答申を引き出せるような記載を意識すべきであるが、処分時には、十分な理由が審査請求人側にはわからない場合もある。そのような場合には、簡潔な記載とならざるを得ないが、処分の特定、根拠法令、処分の違法性を基礎づける事実を明確に指摘しておくべきである。

　また、審査請求段階では記載できないが、審理手続の瑕疵は、裁決固有の瑕疵（行訴法10条 2 項）となる。したがって、審査請求人側は、審理手続の適法性についても注意を払っていく必要がある。さらに、審理手続を主宰する

審理員は、審査庁に所属する職員から指名されるが（法９条１項）、法９条２項は、あわせて除斥事由を定めており、「審査請求に係る処分……に関与した者」（法９条２項１号）は審理員になることはできないとしていることから、審理員の役職やかかわった事務についても十分検討を行うべきであろう。

⑹　補　正

審査請求書の記載が法19条の規定に違反する場合には、審査庁は相当の期間を定めて補正を命じなければならない（法23条）。審査請求書に不備があったとしても、直ちに却下されるわけではなく、法所定の要件に合致するように、補正の機会が与えられる。相当の期間とは、訂正や書類追完のために、合理的と認められる期間でなければならない。

6　執行停止

⑴　執行不停止の原則

審査請求によって、処分の効力、処分の執行または手続の続行は妨げられず、執行不停止の原則が妥当する（法25条１項）。

しかし、裁決が出るまでには一定の時間を要し、その間、処分の効力を停止しなければ、「重大な損害」が生じるような場合があるため、一定の要件の下、処分の効力等の執行を停止することを認めた制度が執行停止である。営業停止処分や事業許可の取消処分等、処分の性質に鑑み、有形無形の損害が日々累積的に生じるような場合には、執行停止の申立てを検討すべきである。

⑵　執行停止の申立て

執行停止の申立ては、審査請求と同時に行うことができる。法は、執行停止申立てにつき、書面で行うべきこと等は定めていないが、内容を明確化するためにも、法25条２項以下の内容を記載した書面を提出したほうがよい（【書式３】参照）[17]。

17　ガイドライン・様式編〔様式例第８号〕。

【書式3】　執行停止申立書

執行停止申立書

○年○月○日

（審査庁）　○○　○○殿

A県B市C町50番地^{（注1）}
審査請求人　○○　○○

　行政不服審査法第25条第2項（第3項）の規定により、下記のとおり執行停止を申し立てます。

記

1　審査請求の件名
　　○○に関する処分（当該処分の文書番号がある場合は併せて記載することが望ましい）^{（注2）}についての審査請求（事件名や事件番号が審査庁から通知されている場合は、これらを記載してもよい）

2　審査請求の年月日
　　○年○月○日

3　申立ての理由
　　○○○○○○○○○○○○○○○○○○○○○○○○○○○

4　添付書類
　　○○○○

注1　審査請求書の提出後に本申立書を提出する場合は、審査請求人の住所等の表記は不要である。
注2　処分の特定に問題がない場合には、「（処分の決定書等の文書番号）の処分」という記載をすることも差し支えない。

（出典：ガイドライン〔様式編〕16頁〔様式例第8号〕より）

審査請求において、執行停止を認めた事例は多くないと思われるが、今後の事例の集積が期待される。

(3)　執行停止の内容

法が認める執行停止の内容は以下のとおりである。

(A)　処分の効力の停止（法25条2項・3項）

処分の効力の停止は、形成的な法効果を有する処分の効力自体を停止させるものであって、執行停止の中でも強い効果を有する。後続の執行行為を予定しないような形成的行為（例として、法人の設立認可や公務員の罷免等）、非代替的作為義務や不作為義務を課す処分の場合には、処分の効力の停止が有効となる[18]。効力自体を停止する効果を有することから、他の措置によって目的を達することができる場合にはすることができない（法25条6項）。

(B)　処分の執行の停止（法25条2項・3項）

処分の執行の停止は、処分内容を実現するための執行を停止するものである。たとえば、作為義務が課されている場合に、その作為義務実現のための強制執行等の手段を停止するものである。

(C)　手続の続行の停止（法25条2項・3項）

手続の続行の停止は、当該処分に続いて後続処分が予定される場合に、その後続処分を行うことを停止するものである。たとえば、土地収用法に基づく事業認定（同法20条）について審査請求がなされた場合に、当該事業認定に続く収用の手続（同法35条以下）を停止する場合などである。

(D)　その他の措置（法25条2項）

その他の措置は、処分の効力の停止や処分の執行の停止があった場合と同じような効果を生じさせる仮の措置を行うことであり、免職処分を仮の停職処分に切り替えること等が考えられる[19]。

ただし、「その他の措置」を行うことができるのは、審査庁が上級行政庁ま

18　条解141頁。
19　ガイドライン25頁。

たは処分庁である場合のみであり、審査庁がそのいずれでもない場合には「その他の措置」を行うことはできない（法25条3項）。

(4)　裁量的執行停止の要件

　審査庁が上級行政庁もしくは処分庁である場合は、審査庁は、審査請求人の申立てにより、あるいは職権により「必要があると認める場合」に執行停止を行うことができる（法25条2項）。職権による執行停止は行政事件訴訟法にはない独自の制度である。裁量による執行停止の要件については、法25条4項・5項のような要件（後記(5)）に関する規定はなく、審査請求人の権利救済のためには、同条同項を参照しつつも、より柔軟な判断もありうるであろう。

　審査庁が上級行政庁または処分庁のいずれでもない場合には、審査庁は、「処分庁の意見」を聞いたうえで、「必要があると認める場合」に、執行停止を行うことができるが、「その他の措置」を行うことはできない（法25条3項）。

(5)　義務的執行停止の要件

　審査庁は、法25条4項および5項の要件を満たす場合には、執行停止をしなければならない。

(A)　積極要件

　「重大な損害」を避けるため緊急の必要があると認められる場合には、義務的に執行を停止する必要がある（法25条4項）。「重大な損害」は、必ずしも旧法において定められていたような「回復困難な損害」である必要はない。したがって、旧法より要件は緩和されたと考えるべきである。[20]「重大な損害」であるかについては、損害の回復の困難の程度を考慮するものとし、①「損害の性質および程度」、②「処分の内容および性質」をも勘案して判断することになる（同条5項）。

20　条解144頁。

(B)　消極要件

(a)　公共の福祉に重大な影響を及ぼすおそれがないこと

申立人の権利保全の必要があるとしてもなお処分の効力の停止等により、公共の福祉への重大な影響を及ぼすおそれがある場合には、執行停止を行うことはできない。影響を及ぼす「おそれ」は一般的・抽象的なものでは足らず、個別的・具体的なものである必要があるとされる[21]。

(b)　「本案について理由がないとみえるとき」

本案、すなわち審査請求の主張に理由や根拠がなく、認容裁決となる可能性がない場合には、執行停止の必要性がないことになる。

しかし、審査請求制度の特徴は、司法審査による救済とは異なり、その簡易迅速性にあることや、行政機関内部による審査であり、「不当性」審査によるコントロールが期待できることにあり、その制度目的を考えると、「理由がないとみえるとき」の要件については、柔軟に解釈されるべきであろう[22]。

(6)　審理員の意見書の提出権

審理員は、審理の過程で、「必要がある」と認めたときは、審査庁に対し、「執行停止をすべき旨の意見書」を提出することができることとされた（法40条）。

審査請求人の申立てに基づく場合に限らず、職権による執行停止の判断にあたっても提出することができる。審査請求人が法令や制度に詳しくない場合や代理人を付けていない場合も多く、十分に権利救済の制度や損害回避のための手段を理解していないことがあり、本条に基づく、審理員の意見書の提出権の意義は大きいであろう。

7　審理手続を経ない却下裁決

審査請求書等に不備があり、法23条による補正命令を受けたにもかかわらず、その不備を補正しない場合や、審査請求が不適法で補正できないこと

21　条解145頁。
22　条解145頁。

が明らかな場合には、審理手続を経ずに却下裁決（法45条1項・49条1項）を
することができる（法24条）。

　審査請求に形式的な不備がある場合には、適法な審査請求があったとはい
えないことから、実体的な審理手続に入らずに手続を却下することを認めた
ものである。典型的には、補正命令にもかかわらず、必要事項の記載を欠く
場合等が考えられる。また、審査請求期間（法18条）の徒過も法24条2項に
あたるように思われるが、法18条1項の「処分があったことを知った日」の
解釈や、同項ただし書の「正当理由」該当性が問題になる場合もあり、その
ような場合には、「請求が不適法であって補正することができないことが明
らか」とはいえず、審理手続を行うべきであろう[23]。

8　審理員の指名等

(1)　審理員の指名

　法4条その他の法律・条例により、適法に審査請求が行われた場合には、
審査庁は、審査請求の審理手続を行う者として、審査庁に属する者のうちか
ら審理員の指名を行い、その旨を審査請求人および処分庁等に通知する必要
がある（法9条1項本文）。

(2)　審理員指名が行われない場合

(A)　審査請求を却下する場合

　法24条の規定により審査請求を却下する場合には、審理員指名を行わな
いとしている（法9条1項ただし書）。明らかな様式不備等の場合には、適法
な審査請求があったとはいえないからである。

　一方、審査請求が不適法であり却下裁決の可能性があるとしても、前記7
のように審査請求期間の徒過についての正当理由の有無や、処分性・不服申
立適格の有無が問題となる場合には、慎重な審理が必要であることから、同

23　なお、宇賀121頁。

条ただし書には該当せず、審理員を指名して審理を行うべきである。[24]

　　(B)　有識者等で構成される委員会等が審査庁となる場合

　法9条1項ただし書は、以下のとおり、有識者等で構成される審議会等が審査庁となる場合には、審理員指名を不要としている。

①　内閣府設置法49条1項・2項または国家行政組織法3条2項に規定する委員会（法9条1項1号）　　公正取引委員会（独占禁止法27条）、公害等調整委員会（公害等調整委員会設置法）等がこれらに該当する。

②　内閣府設置法37条・54条または国家行政組織法8条に規定する機関（法9条1項2号）　　消費者委員会（消費者庁及び消費者委員会設置法）等が本号に該当する。

③　地方自治法138条の4第1項に規定する委員会等または同条3項に規定する機関　　固定資産評価審査委員会（地方税法423条）等が本号に該当する。固定資産評価審査委員会は、各市町村等に設置される委員会であり、固定資産課税台帳に登録された価格に関する不服申立てを受け、審査を行う。

　上記の委員会もしくは機関は、専門性が高く、審理員審理に代わる慎重な審査・判断がなされると考えられている。審査請求人および代理人は、そのような慎重な判断がなされているか、委員の構成を含め、十分留意する必要がある。

　　(C)　条例に基づく処分について条例に特別の定めがある場合（法9条1項ただし書）

　地方自治を尊重するという立場から、地方公共団体の条例に基づく処分については、不服申立てにつき、条例の定めがあれば、それによるべきことを規定したものである。具体的には、情報公開条例や個人情報保護条例等である。[25]地方公共団体の情報公開条例では、審理員審理につき適用除外の定め

24　ガイドライン34頁、審査請求適格につき宇賀63頁。

25　条解75頁。

をおくものが多い。[26]

⑶　審理員の身分

審理員は、審理手続を主宰し、審理員意見書（法42条）を作成することから、審査請求手続において、要となる重要な役割を担う。

審理員は、「審査庁に所属する職員」である必要があるが、常勤の職員である必要はなく、会計年度任用職員として雇用される外部人材でもよいことになる。

審理員となった者の身分について、令和元年度の総務省の調査によれば、都道府県では、正規職員が46団体、弁護士が9団体、行政機関勤務経験者が5団体となっており、政令市では、正規職員が15団体、弁護士が8団体となっている。[27]

重要な手続を担うことから、審理員の質の確保と向上が重要である。[28]

⑷　審理員の除斥事由

旧法においては、審理手続の主宰者の資格については、特に定めがおかれておらず、聴聞主宰者の資格を規定した行政手法19条2項のような規定もおかれていなかったことから、審理主宰者の専門性のみならず公正性に疑問も呈されていた。[29]新法においては、手続の公正性確保の点から、審理員の除斥事由が定められ（法9条2項）、処分に関与した職員等は、審理員の資格がないことが明文化された。除斥事由は以下のとおりである。

㈎　処分に関与した者（法9条2項1号）

①「審査請求に係る処分若しくは当該処分に係る再調査の請求についての決定に関与した者」、②「審査請求に係る不作為に係る処分に関与し、若し

26　東京都情報公開条例19条。
27　総務省行政管理局「令和元年度行政不服審査法施行状況調査（地方公共団体における状況について）」（令和3年3月）〈https://www.soumu.go.jp/main_content/000752474.pdf〉。
28　最終報告34頁。
29　条解70頁以下。

くは関与することとなる者」は、いずれも審理員になることができない。

　処分に関与したか否かについては、処分の決定過程に実質的にかかわったか否かによって判断されるべきであり、当該処分を所管する部局に所属しているか否かのみで判断されるものではないと考えられる[30]。「処分に関与した者」とは、処分を最終的に決定した者だけでなく、聴聞手続を主宰した者、決定書の起案を行った者、決裁書に押印した者等が含まれる[31]。

　　(B)　審査請求の当事者との間に一定の関係がある者（法9条2項2号ないし7号）

　審査請求における当事者となる者との間に、一定の関係がある者については、実質的な利害関係の有無とは関係なく除斥事由となる。すなわち、審査請求人もしくは代理人またはこれらの地位にあった者（2号、4号、5号）、審査請求人の配偶者や親族関係にある者（3号）、審査請求人の後見人、後見監督人等（6号）のほか、法13条1項の利害関係人（7号）は、審理員となることができない。

(5)　審理員候補者名簿の作成

　審査庁は、審理員となるべき者の名簿の作成・公表に努めることとされている（法17条）。審査請求人としても、審理員候補者を知ることは、前記(4)の除斥事由との関係でも重要である。

　しかし、総務省の令和元年度施行状況調査によれば、審理員候補者名簿の作成率は国と地方公共団体で大きく異なっており、国の未作成率は83.0%であり[32]、地方公共団体の未作成率は16.4%である[33]。審理員には、公正・中立性と専門性が求められ、候補者名簿を作成することが容易でないことが推測

30　条解78頁。

31　宇賀66頁、条解78頁、ガイドライン35頁。

32　審査請求件数の多い厚生労働省は、審理員候補者名簿を作成しており、厚生労働省大臣官房総務課審理室長や厚生労働省大臣官房総務課審理室長補佐等の役職名を記載している。

33　最終報告34頁。

される。特に、法 9 条 2 項 1 号が定める処分等に「関与し」または「関与することとなる」者を厳密に判断することは困難である。国の省庁における大型のプロジェクトの場合、部課全体で作業にかかれば、全員が「関与」したことになる。一方、大臣官房の部局等で一定の管理職以上の職にある者は、処分そのものに「関与」していないことになるであろうが、個別のケースにつき、行政法の観点から違法・不当を判断することが必ずしも適任といえない場合もあるであろう。[34] 外部専門家との連携も含め、審理員にふさわしい候補者を確保することが望まれる。

III　審理手続

1　標準審理期間

　法16条は、標準審理期間を定めた場合には、これを公にすべきことを定めているが、義務として定めているものではない。標準審理期間の設定が難しい場合等も想定されるためと思われる。[35]

2　審理手続の計画的進行・計画的遂行

(1)　計画的な進行

　審理関係人と審理員には、簡易迅速かつ公正な審理の実現のために相互に協力し、審理手続の計画的な進行を図ることが求められている（法28条）。

　厳密な進行予定表を作成することは困難であるとしても、情報の共有や、行政機関内部での情報交換を積極的に行い、審理が遅延することのないよう

34　審理員候補者選定の困難性につき、ぎょうべんネット編 9 頁以下。

35　ちなみに、法務省は、行政不服審査会への諮問を除いて、標準審理期間を 6 カ月程度と定めている〈https://www.moj.go.jp/content/001416385.pdf〉。東京都は、多くの例外を付したうえで、行政不服審査会への諮問がない場合には 4 カ月程度としている。

運用されるべきである。[36]

(2)　計画的遂行

　また、いわゆる複雑困難事件においては、審理手続につき、審理関係人を招集して、意見を聴取することができるとしている（法37条１項）。これは、民訴法147条の３第１項や、刑事訴訟法316条の２第１項と同様の趣旨に基づくものであり、争点が複雑で多数である場合には、審理手続の関係者の協力も含め、より一層の計画的な審理手続が望まれる。

Ⅳ　弁明書に対する反論書・意見書・その他

1　弁明書に対する反論

(1)　処分庁から弁明書が提出された場合

　審理員は、審査庁から指名を受けると、直ちに審査請求書の写しを処分庁等に送付することになっており（法29条１項）、同時に、処分庁等に対して相当の期間を定めて弁明書の提出を求めることになっている（同条２項）。

　処分庁から審理員に弁明書が提出されると、審理員は同弁明書を審査請求人および参加人に送付する（法29条５項）。審査請求人は、弁明書に対する反論書を提出することができる。その際に、審理員から反論書の提出期限が定められた場合には、その期間内に反論書を提出しなければならない（法30条１項）。

　反論書の提出は義務ではないが、審査請求書の記載で弁明書に対する反論が十分になされているという例外的な場合以外については、反論書の提出をすべきである。

　なお、仮に反論書を提出しない場合には、その旨を早期に審理員に伝える

36　この点は、最終報告20頁においても指摘がある。なお、最終報告別紙論点３．12、４．6参照。

べきである。そうすることで手続が次の段階へ進み、迅速な審理につながるからである。

⑵　反論書に記載すべき事項

⒜　弁明書に対する反論

反論書には、弁明書に記載された内容に対する反論を記載する。

反論書に記載する内容を裏づける証拠書類等について、未提出の場合には、当該証拠書類等を提出する。

⒝　処分庁の弁明の内容が判然としない場合

処分庁の弁明内容が判然としないような場合には、反論書あるいは適宜の書面で釈明を求めるべきである。

 理由の差替えを防ぐためには

　訴訟においては、一般的に理由の差替え、追加は許されるものと解されており、実際に行政側が理由の差替えや追加を行うことがある。

　審査請求人代理人としては、訴訟段階における理由の差替えや追加を防ぐため、審査請求手続において、積極的に釈明を行い、処分庁等が処分を行った理由を明確にし、そのほかに主張する理由はないことを固めておくべきである。

【書式４】　反論書

反　論　書

○○年○月○日

審理員　○　○　○　○　殿

審査請求人代理人　弁護士　○○○○　㊞

処分庁による○○年○○月○○日付弁明書に対し、以下の通り反論する。

第1　認否

　1　弁明書第1第1項については否認する。審査請求人は、……ではなく、……と言った。

　2　弁明書第1第2項については認める。ただし、……

第2　反論

　1　処分庁は弁明書第1において、……と主張しているが、そのような事実はない。実際には、……

第3　求釈明

　1　処分庁は、弁明書第3において、……と主張しているが、どのような趣旨であるのか明らかにされたい。

　2　処分庁は、弁明書第4において……と主張しているが、これは、……を本件処分の理由として主張するものであるか否かを明らかにされたい。

第4　添付書類

　1　○○○○

　2　○○○○

＊反論書の通数

　反論書は、正本と副本（反論書を送付すべき参加人の数と処分庁の数の合計数）を提出しなければならない（施行令7条1項）。提出された副本が処分庁および参加人に送付されることになる。

2　参加人による意見書の作成

　参加人は、審査請求についての意見を記載した書面である意見書を提出することができる（法30条2項）。審理員は、意見書提出の期間を定めることができ、その期間が定められた場合には、当該期間内に意見書を提出しなければならない。

意見書は、正本および副本（反論書を送付すべき審査請求人および処分庁等の数の合計数）を提出しなければならない（施行令7条1項）。

3　争点整理表へのかかわり

審理員は、弁明書、反論書、意見書の提出がなされた段階、または口頭意見陳述の後に、争点整理および審理計画の策定を行う。

その際、争点整理表が作成されることがある。争点整理表は、審理員が作成する審理員意見書の基礎となるものであり、適切に争点が把握されていることが必要である。

審査請求人代理人としては、審理員に対し、争点整理表を作成することを求めるべきである。そして、作成された争点整理表を確認し、争点の漏れや不正確な記載があれば、訂正するよう審理員に意見を出すべきである。

なお、争点整理表の作成が審理員にとって負担が重いような場合には、審査請求人代理人が争点整理表の案を作成して審理員に示すといった工夫が考えられる。

V　証拠の収集・その他

1　手続の遵守と裁決固有の瑕疵

行政不服審査については、行政不服審査法およびその下位法令（行政不服審査法施行令、行政不服審査法施行規則）、地方自治体の場合には条例に定められた手続に従って審理がされなければならない。

手続違反は裁決の取消事由となる。裁決の取消しの訴え（行訴法3条3項）により裁決が取り消されると、再び裁決がやり直されることになり、時間も手間もかかる。そうなる前に、審査請求の中で違法な手続については是正を求めるべきである。

　そこで、審査請求人代理人としては、審査請求における審理・審議に手続違反がないか注意していく必要がある。

？　口頭意見陳述

(1)　口頭意見陳述の意義

　審査請求人または参加人から、口頭意見陳述実施の申立てがあった場合には、審理員は口頭意見陳述の機会を与えなければならない（法31条１項）。

　口頭意見陳述は、審理員に対して、審査請求人の意見を実際に述べることができる機会であるから、積極的に実施の申立てをすべきである。

　口頭意見陳述は、「審査請求に係る事件に関する意見」について述べることができる。これは、処分のみでなく不作為も含み、審査請求の適法要件も含まれる。したがって、処分性や審査請求人適格、審査請求期間を徒過した場合の「正当な理由」などについても意見を述べることができる。

(2)　処分庁等に対する質問

　口頭意見陳述においては、審査請求人は、審理員の許可を得て、処分庁等に質問をすることができる（法31条５項）。

　この点が口頭意見陳述の最も重要な点である。処分庁等への質問を通じて、審理員に処分庁等の主張に理由がないという心証をもたせることができれば、審査請求認容の審理員意見書に大きく近づく。少なくとも、口頭意見陳述は、審査請求人がその後の審査請求手続、あるいは訴訟において自らの主張を根拠づける材料を処分庁等から得る場となる。[37]

┌───

　コラム　**効果的な意見陳述を行うためには**

　口頭意見陳述を実施するにあたっては、審理員から意見・質問の内容

37　口頭意見陳述に実質的な反対尋問としての機能をもたせるべきであることについて、詳しくは、ぎょうべんネット編46頁以下を参照。

を事前に提出するよう求められることが多い。

　上記で述べたとおり、処分庁に対する質問は、審査請求人の主張が正しいことを審理員に印象づけるために行う必要があり、訴訟における反対尋問と同様の意味をもつ。事前に詳細な質問内容を明らかにしてしまうと、反対尋問としての機能が失われてしまうため、概括的な内容を明らかにすることで足りると考えられる。また、事前に明らかにしていなかった内容について質問ができないということはない。

　さらに、質問に反対尋問としての機能をもたせるためには、回答をその場で行わせることが必要である。その場で回答を行わせることの根拠は、口頭意見陳述の趣旨のほか、法28条の定める審理関係人の協力義務があげられる。[38]処分庁等がその場での回答を留保しようとする場合には、代理人としては、2回目の口頭意見陳述の申立てを行うことも考えられる。

(3) 補佐人

　口頭意見陳述において、申立人は、審理員の許可を得て、補佐人とともに出席することができる（法31条3項）。

　補佐人は、専門知識により審査請求人または参加人を援助する第三者とされ、補佐人は事実問題のみでなく、法律問題についても発言することができる。

　なお、補佐人は、審査請求人または参加人とともに出席する必要があり、代理人のように審査請求人または参加人の代わりに出席することはできない。

(4) 口頭意見陳述の記録の入手

　口頭意見陳述のあと、審理員はその記録を作成するが（施行令15条1項5号参照）、この記録は法38条における閲覧・謄写の対象には含まれていない。

　しかし、先に述べたとおり口頭意見陳述は審理手続において重要なもので

38　ガイドラインも、処分庁等の回答は、原則として口頭意見陳述の場で行われるべきであるとしている（71頁）。

あり、審理員意見書、行政不服審査会の答申、審査庁の裁決の作成手続で大いに参照されるものと考えられる。

　したがって、口頭意見陳述の記録について、審査請求人代理人は審理員に対してその記録の写しの交付を求めるべきである[39]。なお、口頭意見陳述の記録の案が作成された段階で、その内容の確認を求めることはさらに有用である。また、口頭意見陳述について、多くの場合、録音がなされると考えられるので、審査請求人代理人はその録音データの写しの交付を審理員に対して求めることも考えられる。

3　証拠書類等の提出

　審査請求手続において、審査請求人または参加人は、証拠書類または証拠物を提出することができる（法32条1項）。

　審査請求人代理人は、処分が違法、あるいは不当であることを裏づける証拠書類等を不足なく提出すべきである。

4　書類その他の物件提出要求

　審理員は、書類その他の物件の所持人に対し、その物件の提出を求めることができる（法33条）。

　審査請求人代理人は、処分庁等が所持していると思われる書類その他の物件について提出要求をするように審理員に対して積極的に申立てをするべきである。

　この物件の提出要求は強制力を伴うものではない。そのため、物件の所持人から物件が提出されないこともありうる。その場合には、なぜ提出できな

39　ガイドラインでも、口頭意見陳述の結果については書面となっていない場合も想定され、そのすべてを書面化する必要はないが、審理員意見書や裁決の判断の基礎となるものである場合には、適宜の形で書面化したうえで、写しの交付等を行うことが望ましいとされている（91頁）。

いのかについて審理員から物件の所持人に対して説明を求めるよう、審査請求人代理人としては働きかけをすべきである。また、処分庁から物件等が提出されない場合には、そのこと自体が処分等の違法性・不当性を推認させると主張すべきである。

5　提出書類等の閲覧・謄写

審査請求人または参加人は、審理手続が終結するまでの間、審理員に対して提出書類等の閲覧・謄写を求めることができる（法38条 1 項）。

⑴　法改正による対象の拡大

旧法においては、提出書類等の閲覧請求が認められていたが、その対象は処分庁から提出されたものに限定されていた（旧法33条 2 項前段）。

新法では、そのような限定がなくなり、審査請求人あるいは参加人が提出した書類や、物件の提出要求により提出された書類も閲覧・謄写の対象となり、対象が拡大された。

⑵　閲覧請求の対象

閲覧の対象は、具体的には下記のとおりである。

①　行手法24条 1 項の聴聞調書および同条 3 項の聴聞主宰者が作成する報告書（法29条 4 項 1 号）

②　行手法29条 1 項に規定する弁明書（法29条 4 項 2 号）

③　審査請求人または参加人から提出された証拠書類または証拠物（法32条 1 項）

④　処分庁または不作為庁から提出された当該処分の理由となる事実を証する書類その他の物件（法32条 2 項）

⑤　審理員による物件の提出要求により提出された物件（法33条）

ただし、正当な理由があるとき、あるいは、個人識別情報が含まれていた

40　条文上は、謄写は「当該書面若しくは当該書類の写し若しくは当該電磁的記録に記録された事項を記載した書面の交付」とされている。

り、業務の適正な遂行に支障を及ぼすおそれのある情報が含まれる等第三者の利益を害するおそれがある場合には、閲覧・謄写が制限されるため（法38条1項後段）、留意が必要である。

(3)　謄写請求の対象

謄写の対象は、具体的には次のとおりである。謄写の対象は閲覧の対象よりも狭くなっている。

ⓐ　法29条4項各号に掲げられた書面（上記①②）

ⓑ　法32条1項・2項、33条に係る書類（上記③～⑤のうちの書類）

ⓒ　電磁的記録をプリントアウトしたもの

VI　行政不服審査会への諮問

1　諮問を希望しない旨の申出

(1)　審理員意見書の検討

審査庁は、審理員意見書の提出を受けたときは、法43条1項各号に定める場合を除き、行政不服審査会（法67条、81条1項・2項。以下、「不服審査会」という）等に諮問することになる。

審査請求人が不服審査会等への諮問を希望しない旨の申出をした場合には、諮問は行われない（法43条1項4号）。

したがって、審査請求人代理人としては、審理員意見書を検討し、行政不服審査会等への諮問を希望しない旨の申出を行うべきかどうかを検討することになる。

実際には、あえて不服審査会等への諮問を希望しない旨の申出を行う必要がある場面は少ないものと考えられる。不服審査会等は、処分庁および審査庁から独立した諮問機関であり、不服審査会等の答申を得ておく意義は大きいからである。

⑵　法43条1項に該当する場合の諮問

　法43条1項の規定からは、同項各号に該当する場合には諮問できないのかが必ずしも明らかでない。

　したがって、審査庁が審理員意見書の提出を受けた後、審査請求について全部認容や却下相当であると判断した場合でも、念のためとして行政不服審査会等に諮問する可能性がある。

　審査請求について審査庁が全部認容するべきと判断した場合（法43条1項7号・8号）、審査請求の目的が達成されることになるので、あえて行政不服審査会等の諮問を得る必要はない。また、諮問手続を経ることにより、裁決まで時間がかかるため、権利救済が遅れる。したがって、この場合には、審査請求人代理人としては、審査庁に対し、諮問手続を経ずに早期に裁決を出すよう求めるべきである。

　一方、審査庁が審査請求を却下すべきと判断した場合（法43条1項6号）[41]については、不服審査会等の諮問を経ることに意義があると考えられる場合もある（第4章Ⅱ2参照）。その場合には、審査請求人代理人として諮問について異議を述べないという選択もありうる。

2　行政不服審査会における調査審議

　審理員意見書が提出された後、審査庁が審査請求を全部認容すべきと判断する場合には、不服審査会への諮問は行われない（法43条1項7号・8号）。逆に、審査庁から不服審査会に対して諮問が行われたということは、審査請求の全部、あるいは一部が棄却される見込みが強まったということになる。

⑴　新たな主張書面等の提出

　審査請求人は、審査関係人として、不服審査会に対し、主張書面や資料を提出することができる（法76条）。

41　審査請求期間を徒過した場合の正当な理由の有無について審理した場合等。

一方、処分庁については、審査会に対して主張書面や資料を提出することができる旨は法定されていない。処分庁は、審査請求の対象となっている処分を行う段階で十分な調査、検討を行っていなければならず、弁明書において処分の内容および理由を記載することを求めていることから（法29条2項・3項）、処分庁は弁明書提出段階で主張を尽くすことが想定されていると解される。

よって、審査請求人代理人としては、処分庁による新たな主張書面の提出や、資料の提出は許されないと主張すべきである（なお、審査庁からの書面提出はありうる）。

なお、不服審査会は必要があると認めるときは、必要な調査を行うことができる（法74条）。審査請求人代理人としては、不服審査会に対し、物件の提出要求や参考人の陳述または鑑定などを行うよう申し入れることも検討すべきである。

⑵　口頭意見陳述の検討

審査関係人は、不服審査会に対して、口頭意見陳述の機会を与えるよう申し立てることができる（法75条1項）。

この口頭意見陳述は、審理員による審理手続段階での口頭意見陳述（法31条）と次の3点において異なる。

① 　法75条の口頭意見陳述は、その他の審査関係人を招集することとはされていない。

② 　法75条の口頭意見陳述は、審査請求人の質問権についての定めがない。

③ 　法75条の口頭意見陳述は、申立てがあったとしても審査会が必要性がないと判断した場合には、行わなくてもよい。

審査請求人代理人は、審理員意見書において、審理手続において主張されていなかった事実や、審査請求人が把握していない証拠に基づく判断が示されているような場合には、不服審査会に対して法75条の口頭意見陳述の機会を与えるよう申し立てることを検討すべきである。その際、口頭意見陳述

の機会に処分庁等を出席させて、質問をさせるよう求めることも検討すべきである。処分庁等を出席させたり、質問をしたりすることが法文上禁止されているものではない。

3　答申を受け取った場合

不服審査会が諮問に対する答申をしたときは、答申書の写しが審査請求人および参加人に送付される。また、答申の内容は公表されることになっている（法79条）。

審査会からの答申がされると、審査庁は、遅滞なく裁決をすることになっている（法44条）。

審査請求人代理人は、答申書を受け取り、その内容を検討し、仮に、答申書に明らかな事実関係の誤認や、明白な誤りがある場合には、審査庁に対し、主張書面を提出するべきである。もっとも、審査請求人代理人としては、答申に至る前の段階で、不服審査会が事案を適切に把握しているかどうかに配慮し、不服審査会が誤解等をしている場合には、不服審査会の調査審議のできるだけ早い段階でその是正をすべきである。

Ⅶ　裁　　決

1　取消訴訟を提起するかどうか

処分についての審査請求に理由がある場合（法45条3項の適用がある場合を除く）には、審査庁は、当該処分の全部もしくは一部を取り消し、または処分を変更する裁決を行う（法46条1項。その他、47条、49条）。

審査請求に理由があると認める裁決は、処分庁等を拘束し、処分庁等がこれを争うことはできない（法52条）。これにより、審査請求人の権利救済が図られれば、それ以上、訴訟提起を検討する必要はない。

　一方、審査請求の全部または一部を棄却する旨の裁決、あるいは却下する旨の裁決を受け取った場合、審査請求人代理人としては、処分の取消しの訴え（行訴法3条2項）を提起するか、裁決の取消しの訴え（同条3項）を提起するかを検討することとなる。なお、個別法に再審査請求の定めがある場合には、再審査請求を行うことも検討する（法6条）。

　処分の取消しの訴えと裁決の取消しの訴えは、どちらかのみを提起することもできるし、両方を提起することもできる。なお、裁決の取消しの訴えにおいては、処分の違法を理由として取消しを求めることができない（行訴法10条2項）。裁決の取消しの訴えにおいては、審査請求における手続的瑕疵を取消しの理由として主張することになる。

2　取消訴訟の出訴期間

　取消訴訟を提起する場合、処分または裁決があったことを知った日から6カ月以内に提訴する必要がある（行訴法14条1項）。また、処分または裁決の日から1年を経過する前に提訴する必要がある（同条2項）。

　なお、処分または裁決について審査請求ができる場合、あるいは行政庁が誤って審査請求をすることができる旨を教示した場合に、審査請求を行った場合には、その審査請求に対する裁決があったことを知った日から6カ月以内、あるいは当該裁決の日から1年以内に取消訴訟を提起する必要がある（行訴法14条3項）。ただし、正当な理由がある場合には、なお、訴訟を提起できる（同項ただし書）。

第3章

審理員のノウハウ

Ⅰ　審理員とは

1　はじめに

　審理員は、平成26年の行政不服審査法の改正により導入された制度である。

　旧法では、審査請求は、裁決を行う審査庁自身が審理を行うことを前提とした規定になっていた。実際には、裁決権限を有する審査庁である大臣や、知事、市町村長等自身が審理手続を行うことは不可能であり、現実には審査庁の職員が審理手続を行っていた。しかし、審理手続を行う職員についての規定はなく、処分に関与した職員が審理手続を行うこともあった。このように、改正前の審査請求手続は、公正なものとはいえないものであった。

　そこで、新法は、処分に関与していない者を審理員として指名し、この者に審理手続を主宰させることにした。審理手続は、公正中立な立場とされる審理員によって、審査請求人と処分庁等が対審的構造のもとで行われることになったのである。

2　審理員の役割

　前記1の法改正を踏まえると、審理員は新法において最も重要な役割を占めるということができる。

　審理員には、公正中立な立場で迅速に手続を進めていくことが求められる。行政不服審査法の目的は、簡易迅速かつ公正な手続の下で広く行政庁に対する不服申立てをすることができるための制度を定めることにより、国民の権利利益の救済を図るとともに、行政の適正な運営を確保すること（法1条1項）であり、その目的が実現できるか否かは審理員にかかっている。

　審理員は、不服を申し立てている審査請求人の意思を正確に把握し、侵害されているとされる権利・利益の内容を理解したうえで、審査請求人、処分

庁等に不足なく主張を尽くさせ、証拠書類等を提出させ、迅速に審理員意見書を作成するべきである。そのためには、何が処分等の根拠とされているのかを把握し、法令の場合にはその解釈に誤りがないか、通達・通知・要綱、あるいは慣例・運用の場合にはそれが法令の範囲を逸脱していないかを検討することが必要である。

3　審理員の資格

(1)　審理員になりうる者

審理員は、審査庁に所属する職員から指名される（法9条1項）。

審理員は審理手続を主宰する。すなわち、審理員は、審査庁から独立して、自らの名において審理を行い、その結果を審理員意見書として審査庁に提出する。このように、公正中立な立場で手続を主宰する役割から、審理員には弁護士、税理士等の専門職が適していると考えられる。なお、外部専門職を審理員として指名する場合には、会計年度任用職員としての立場が与えられることが多いようである。

一方で、行政内部の手続をよく知っている行政庁の職員が審理員として指名されることもある。

(2)　審理員の除斥事由

法9条2項各号にあげられている者は、処分等、あるいは審査請求人との関係で、公正な審理ができないと考えられるため、審理員として指名することはできない。

法9条2項に該当する職員が審理員に指名されて審理手続を行った場合には、手続に瑕疵があったものとして裁決の取消事由になると考えられる。

法9条2項1号は、審査請求の対象となる処分等に関与し、あるいは関与することとなる者は審理員として指名できないことを定めている。これは、原処分に関与した者を審査請求手続から排除し、公正中立な審理を実現しようとした新法の核となる事項を具体化したものである。一方で、行政機関内

部の構造や手続過程は複雑であり、多くの職員が処分等に関与することもあるため、原処分に関与した者にあたるか否かの判断が困難となる場合もある。法 9 条 2 項 1 号に該当するかどうかは、実質的に当該処分にどのように関与したか否かによって判断されることになるが、同号が新法の核心であることから、原処分等に関与しようのない弁護士等の外部専門職を審理員として登用し、同号の該当可能性をなくすことは 1 つの方策である。

(3)　審理員候補者名簿の作成

審査庁となるべき行政庁は、審理員候補者名簿を作成するよう努め、同名簿を作成したときはその名簿を適当な方法により公表しなければならない（法17条）。

(4)　補助機関

法 9 条 1 項ただし書に該当する場合には、審理員は指名されない。その場合には、同条 3 項により審理員による審理手続に係る規定が適用され、審査庁が審理手続を主宰することになる。審査庁となる大臣、知事、市町村長等が審理手続を実際に行うことは現実には不可能であるから、必要がある場合には審査庁の職員に審査請求人等の口頭意見陳述の聴取（法31条 1 項）等の手続を行わせることができる（法 9 条 4 項）。

4　審理員の指名と交代

(1)　審理員の指名

審査請求がされると、審査庁は、審査庁に所属する職員から審理員を指名する。審査庁は、審理員を指名した旨を審査請求人および処分庁等に通知する（法 9 条 1 項）。

なお、法 9 条 1 項ただし書に該当する場合には、審理員の指名を要しない。

また、法 7 条が定める分野には、法に基づく審査請求を行うことができないから、審理員制度も適用されない。

⑵　審理員の交代

審理員が交代する場合には、審理員が指名されるときと同様の手続が行われる。

5　審理員の属性

国における審理員の属性は、正規職員によるもの19機関、弁護士によるもの3機関、学識経験者によるもの2機関、行政機関勤務経験者によるもの1機関、法曹有資格者によるもの2機関、法科大学院修了者によるもの1機関、その他1機関となっている[1]。

地方公共団体における審理員の属性は、正規職員によるもの61団体、弁護士によるもの17団体、弁護士以外の士業者によるもの1団体、学識経験者によるもの1団体、行政機関勤務経験者によるもの5団体、法曹有資格者によるもの4団体、法科大学院修了者によるもの2団体、その他1団体となっている[2]。

国も地方公共団体も、審理員の属性は正規職員によるものが圧倒的に多い。正規職員は行政実務に通じているという利点がある一方、いわば身内による審理になるので、本当に公正な審理を行うことができているか疑問が残る。

6　進行管理担当課室

国の機関では、行政不服審査制度の全般の運用を所管し、当該機関に対して不服申立てがされた場合に、審理手続の全般を進行管理する課室の有無について、調査の対象となった府省庁等47機関のうち18機関において進行管

1　総務省が公表した「令和元年度における行政不服審査法の施行状況に関する調査結果──国における状況」より。調査期間は令和元年度（平成31年4月1日から令和2年3月31日）。

2　総務省が公表した「令和元年度における行政不服審査法の施行状況に関する調査結果──地方公共団体における状況」より。調査期間は令和元年度（平成31年4月1日から令和2年3月31日）。

3　前掲（注1）。

理担当課室を設定している。　　地方公共団体では、上記国の進行管理担当課室に相当する課室について、調査対象となった地方公共団体67団体のうち28団体において進行管理担当課室を設定している。

　このように、進行管理担当課室を設定している機関や地方公共団体は少数にとどまっている。不服申立ての件数にもよるが、進行管理担当課室を設けることにより、専門的知見が蓄積され、迅速な審理が可能になると考えられるので、より多くの機関、地方公共団体で進行管理担当課室の設定が進められるとよいであろう。

II　手続の開始

1　審査請求書の審査

(1)　審査請求書の審査（形式審査）

　審査請求は、個別法に口頭ですることができる旨の定めがある場合を除いて、審査請求書を提出して行わなければならない（法19条1項）。なお、口頭で審査請求を行う場合には、審査請求人は、法19条2項から5項に規定されている事項を陳述し、陳述を受けた行政庁はその内容を録取して審査請求録取書を作成し、それを陳述人に読み聞かせて誤りがないかを確認しなければならない（法20条）。

　審査請求書の記載事項は、法19条2項以下に定めがある。審査請求書に不備がある場合には、審査庁は相当の期間を定めて審査請求人に対して不備を補正するよう求める（法23条）。

(2)　審査請求書の却下と補正

　法23条に基づき、審査庁が審査請求書の不備について補正を求めたにも

4　前掲（注2）。

かかわらず、審査請求人が期間内に不備を補正しないときは、審査庁は審理手続を行わずに当該審査請求を却下することができる（法24条１項）。

　また、審査請求が不適法であって、補正することができないことが明らかなときも、審査庁は審理手続を行わずに却下することができる（法24条２項）。補正ができるにもかかわらず、補正を命じずに却下した場合には、その却下裁決は取消しの対象となる（津地判昭和51・４・８行集27巻４号516頁）。

　法19条２項以下に定める事項の記載が欠けている、あるいは不十分であるが審査をするにあたって障害がないような場合には、簡易迅速な救済という観点からも、補正を求める必要はないと解される（コンメンタール行政法Ⅰ420頁〔大沢光〕）。

　審査請求人が特段の主張なく処分の見直しを求めている場合や、審査請求の趣旨および理由があいまいであるが、審査庁として審査請求人が何を理由に何を求めているのか汲み取ることができる場合など、審理手続を進めることに支障がない場合には、補正を命じることは要しない。その後の審理手続において、必要に応じて事実確認をするなどの対応を行えばよい（ガイドライン21頁）。

　補正を命じる場合は、「相当の期間」を定めなければならない（法23条）。この「相当の期間」とは、補正をするために社会通念上必要と考えられる合理的な期間をいい、個別事情により判断される。

　仮に、指定された「相当の期間」が不十分なものであれば、期間内に補正がされなかったことを理由とした却下裁決は違法となる。このような場合には、当初指定された期間経過後も、相当な期間内に補正することが許されると解される（コンメンタール行政法Ⅰ421頁〔大沢光〕）。

(3)　取下げ

　審査請求人は、裁決があるまではいつでも審査請求を取り下げることができる（法27条１項）。審査請求の取下げは、書面でしなければならない（同条２項）。

【書式5】　補正命令書

文書番号○○

○○年○○月○○日

審査請求人　　○○　　○○　　殿

○○知事　　○○　　○○

審査請求書の補正について

　○○年○○月○○日付で貴殿から提出のあった審査請求は、下記の事項について不備があり、不適法であるため、行政不服審査法（平成26年法律第68号）第23条の規定により、○○年○○月○○日までに補正するよう命じます。

　なお、上記期限までに補正しない場合には、行政不服審査法第24条1項の規定により、貴殿の審査請求を却下することがあるので、ご承知おきください。

記

1　審査請求に係る処分があったことを知った年月日
　　標記が記載されていない。

2　審査請求の趣旨
　　内容が不明確である。
　　「生活保護が受けられなくなったことがおかしい」と記載されているが、「○○年○○月○○日付の審査請求人に対する生活保護廃止決定処分を取り消すとの裁決を求める」としてよいか。
　　上記と異なる場合は、審査請求で求める内容を明らかにすること。

【書式６】　補正書

補　正　書

○○年○○月○○日

○○知事　○○　○○　殿

審査請求人　○○　○○

　○○年○○月○○日付け（文書番号○○）をもって補正を命ぜられた事項について、下記のとおり補正します。

記

1　審査請求にかかる処分があったことを知った年月日
　　○○年○○月○○日

2　審査請求の趣旨
　　○○年○○月○○日付の審査請求人に対する生活保護廃止決定処分を取り消すとの裁決を求める。

2　審査請求書の送付

　審理員は、審査庁から指名を受けたら、直ちに、審査請求書または審査請求録取書の写しを処分庁等に送付しなければならない（法29条１項）。

Ⅲ　審理員審理

1　審理員審理の構造──対審構造か

　審査請求の審理は、審査請求書に対して処分庁等から弁明書が出され、それに対して審査請求人が反論書を提出し、参加人がいれば参加人が意見書を提出し、さらに各自が自身の主張を基礎づける証拠書類等を提出することに

なっており、対審構造的になっている。

　しかし、審査請求における審理は、裁判のように当事者主義ではなく、職権主義が原則であり、審理員は自ら物件の提出要求をして証拠書類等を集めたり（法33条）、参考人の陳述や鑑定を求めたり（法34条）、検証を行ったり（法35条）、審理関係人に質問したり（法36条）することができる。

　なお、審理員は職権主義により事実を調査することができるが、いずれかの審理関係人が了知し得ない事実に基づいて審理員意見書を作成することのないようにすることが施行通知（「行政不服審査法及び行政不服審査法の施行に伴う関係法律の整備等に関する法律の施行について〔通知〕」（平成28年1月29日総管管第6号））によって求められている。審理関係人の不意打ちを防ぎ、審理手続を公正なものにするためである。

2　審査請求書の内容の検討──事実関係の摘示・根拠法令の摘示

　審査請求書の内容を検討することが審理員による審理手続の始まりである。

　審理員は、審査請求書の内容について理解できないときは、審査請求人を招いて質問したり（法36条）、電話で尋ねることができる（法37条2項・3項、施行令9条）。さらに、正式に意見聴取として聞くことも可能である（法37条1項・3項、施行令9条）。審査請求人の請求内容を理解しないままに手続を進めるべきではなく、審理員は早期に審査請求人の請求内容を正確に把握するよう手段を尽くさなければならない。

3　弁明書の求め

(1)　弁明書とは

　審理員は、相当の期間を定めて、処分庁等に対し、弁明書の提出を求める（法29条2項）。処分庁等は、行手法24条1項に基づく聴聞調書または同条3項に基づく報告書、同法29条1項に基づく弁明を記載した書面を保有する

場合には、弁明書にこれらを添付しなければならない（法29条4項）。

　処分についての審査請求に対する弁明書には、処分の内容および理由を、不作為についての審査請求に対する弁明書には処分をしていない理由並びに予定される処分の時期、内容および理由を記載しなければならない（法29条3項1号・2号）。具体的には、法令の根拠条項等を明記して、その下位規範である処分基準やマニュアル等に該当する事実を記載しなければならない。すなわち、審査請求人の主張に反論するのみでは弁明書として不十分である。

　審理員は、弁明書の内容が不明確、不十分な場合には、処分庁等に対し補正を求めるべきである。また、審理員が弁明書の提出を求める際に、処分の要件充足性について記載すること、関係する証拠書類や処分基準を提出するよう処分庁に求めるようにすれば、必要十分な弁明書の提出につながり、審理が迅速に進むと考えられる。

(2)　提出の時期

　審理員は、処分庁に対し、弁明書の提出について相当の期間を定める（法29条2項）。

　「相当の期間」とは、事案の内容にもよるが、処分庁は処分をするにあたり、すでに処分の必要性、相当性等について検討していることからすると、通常2週間程度で足りると考えられる。

　なお、法は、処分庁等による弁明書の作成・提出義務を定めてはいない。したがって、処分庁等が弁明書を提出しないことは許されるか、が問題となる。法は対審的構造をとっており、弁明書の提出により処分庁の主張が明らかとなり、争点が明確になって審理が迅速に進むと考えられることから、処分庁等には弁明書提出義務があると解するべきである（コンメンタール行政法Ⅰ442頁〔大沢光〕）。

　処分庁から弁明書が提出されなかった場合には、審理員は審理手続を終結させることができる（法41条2項1号イ）。

【書式7】　弁明書提出要求書

○○年○○月○○日

（処分庁等）　○○　○○　殿

審理員　○○　○○

弁明書の提出について

　○○年○○月○○日に提出された審査請求人○○○○○からの処分庁が行った○○に関する処分（文書番号○○○○）に対する審査請求（○○事件、事件番号○○）に係る弁明書正副○通を○○年○○月○○日までに提出することを求める。行政不服審査法（平成26年法律第68号）第29条第4項に掲げる書面を保有している場合は、弁明書に添付されたい。

　また、行政不服審査法第32条第2項の規定により、当該処分の理由となる事実を証する書類その他の物件を提出する場合には、○○年○○月○○日までに提出されたい。

　弁明書の提出に当たっては下記事項に留意されたい。
1　弁明書には、審査請求人の主張に対する反論のみでなく、当該処分の要件充足性についてもれなく記載すること。
2　弁明書に併せて、当該処分の理由となる事実を証する書類その他の物件を提出する場合には、当該提出物件がどの記載に係る事実を証するものであるのか分かるようにすること。
3　当該処分に関する処分基準がある場合には、弁明書に併せて提出すること。なお、その場合には、その処分基準が公表されているものであるかを明記すること。

　なお、弁明書の別添として添付された書類については、行政不服審査法第29条第5項の規定により、審査請求人または参加人に送付することとなるが、行政不服審査法第29条第4項に掲げる書面及び同法第32条第2項の物件として提出された場合には、同法第38条第1項に基づき、審査請求人または参加人によ

る閲覧等の請求の対象とされているので、その提出に当たっては、これらの閲覧等を行うことについての貴庁の意見を付されたい。ただし、閲覧等の請求に対する審理員の判断が、貴庁の意見と異なる場合があることをあらかじめ申し添える。

　今後、審理手続の進行中に、処分庁が審査請求に係る処分を取り消した場合には、当該審査請求が不適法となることが想定され、審理手続を終結する必要が生じる可能性があることから、すみやかに連絡されたい。

＊ガイドライン〔様式編〕47頁の処分庁等が審査庁と同一の行政庁である場合の様式を基に、処分の充足性、証拠書類等や処分基準の提出についての留意事項を明記した例である。このほか、審理員は、個別の事件によって、弁明書において特に記載を要すると考える事項があれば、それらを記載するよう弁明書提出要求書に記載することが考えられる。

【書式8】　弁明書

弁　明　書

事件番号○○○○

○○年○○月○○日

審理員　　○○　　○○　　殿

処分庁　○○県知事　　○○　　○○

　審査請求人○○○○が○○年○○月○○日に審査請求を行った、身体障害者福祉法第15条第５項の規定による身体障害者手帳の却下決定処分（以下「本件処分」という）について、行政不服審査法（平成26年法律第68号）第29条第２項による審理員の求めに対して、以下の通り弁明書を提出します。

第１　審査請求の趣旨に対する弁明
　本件審査請求は棄却されることが適当であると考える。

第２　処分の内容及び理由等
　１　関係法令等の定め
　　⑴　身体障害者福祉法第15条第１項は、「身体に障害のあるものは……」と定めている。

---

(2)　身体障害者福祉法施行規則第5条第3項は「……」と定めている。

(3)　身体障害者福祉法施行規則別表第5号の身体障害者障害程度等級表の具体的な判断に当たっては、○○県身体障害者認定基準第○条が「……」と定めている。なお、同認定基準については、○○県ホームページにおいて公表されている。

(4)　厚生労働省の身体障害者認定要領には、……と記載されている。

(5)　……

2　処分の内容および理由

(1)　認定した事実

審査請求人は、○○年○○月○○日付けで身体障害者手帳の交付申請を行った（身体障害者手帳交付申請書）。

処分庁は、診断書に……と記載されていることから（診断書）、……とはいえないため、障害程度非該当であると考え、嘱託医師に意見照会をした。

嘱託医師は、「……」と記載された意見書を提出した（嘱託医師意見書）。処分庁は、嘱託医師の意見書を踏まえ、審議会へ回付した。審議会は、審査の結果、……との理由で障害程度非該当である旨を答申した（答申書）。

(2)　処分の根拠法令等に対する本件の当てはめ

認定した事実を法令等に当てはめると以下のとおりとなる。

・○○県身体障害者認定基準第○条にあてはめると……であり、要件に該当しない。

・……

(3)　処分の内容

以上の認定した事実および当てはめから、審査請求人に対して本件処分を行った。

第3　処分庁からの補足

審査請求人は、本件処分の理由がよく分からないと主張しているが、却下決定処分通知書において……と記載しており、十分な理由提示を行っている。

第4　結論
　上記のとおり、本件処分には違法または不当な点はない。

第5　関連する事実及び経緯
　……

第6　添付資料
　・身体障害者手帳交付申請書
　・診断書
　・答申書
　・○○県身体障害者認定基準
　・却下決定処分通知書
　・……

＊ガイドライン〔様式編〕48頁の書式を基にした申請に対する処分についての審査請求に対する弁明書の一例である。
＊弁明書は、正本並びに当該弁明書を送付すべき審査請求人および参加人の数に相当する通数の副本を提出なければならない（施行令6条1項）。

(3)　審査請求人への送付

　処分庁等から弁明書の提出があった場合には、審理員はこれを審査請求人および参加人に送付しなければならない（法29条5項）。

　弁明書に付けられていた証拠書類等は、閲覧・謄写（法38条）の対象となるが、これらの証拠書類は処分理由に関するものであり審理に不可欠なものであるから、審理手続の計画的進行（法28条）のため、提出庁に副本を作成させる等して、審査請求人および参加人に送付するべきである。

4　反論書・意見書

(1)　反論書・意見書提出の求め

　審理員は、審査請求人、参加人に弁明書の写しを送付する際に、期限を定めて反論書（参加人の場合は意見書）を提出するよう求めるべきである。

　審理員は、反論書が提出された場合には副本を参加人および処分庁等に、意見書が提出された場合には副本を審査請求人および処分庁等にそれぞれ送付する。

　複数いる審査請求人または参加人のうちの 1 人から反論書または意見書が提出された場合には、審理を公正かつ円滑に進めるために、提出者以外の審査請求人または参加人に対しても、反論書または意見書の写しを送付することが望ましいと考えられる。

⑵　期間内に反論書・意見書が提出されない場合

　期間内に反論書、意見書が提出されなかった場合には、審理員は審理を終結することができる（法41条 2 項 1 号ロ・ハ）。

　ただし、特に反論書については、期間内に提出がされない場合には、再度期間を定めて提出を求め、慎重に手続を進めるべきである。審査請求は、審査請求人が提起したものであり、審査請求人の行為によって多少手続に時間がかかるとしても、審査請求に理由があるか否かを審査すべきだからである。もちろん、反論書がなくても審査請求を認容すべきと判断できる場合には、重ねて反論書の提出を求めず、審査請求人の権利利益を早期に救済するため、審理を終結するべきである。

⑶　反論書または意見書に対する処分庁等からの主張

　弁明書が提出された後、一度は反論書および意見書の提出を求めることになるが、その後さらに処分庁等に主張書面を提出させるべきか。基本的には、処分庁等はそもそも処分をする段階で処分の根拠について十分検討しているはずであり、弁明書の段階で主張を尽くすことができるはずである。また、審理員も、弁明書提出段階で、記載内容に不備、不足があれば処分庁等に対して補正を求めているはずである。したがって、あらためて反論書に対して主張させる必要はないはずである。

　処分庁等に対して、反論書、意見書に対する主張書面の提出を求めるべき場合は、反論書、意見書でそれまで想定できなかった新しい主張、事実の記

載がある場合に限られるであろう。

5　争点整理と審理計画

⑴　審理期間の実際

　審査庁となるべき行政庁は、審査請求が提起されてから裁決をするまでの標準的な期間を定めるように努め、これを定めたときは適当な方法により公表しなければならない（法16条）。

　令和3年3月に総務省行政管理局が発表した「令和元年度行政不服審査法施行状況調査（国における状況について）」[5]によれば、標準審理期間をすべて設定している機関は4.3%、一部未設定である機関は8.5%、未設定である機関は87.2%である。

　同月に総務省行政管理局が発表した「令和元年度行政不服審査法施行状況調査（地方公共団体における状況について）」[6]によれば、標準審理期間をすべてについて設定済みである団体は9.0%、一部について未設定である団体は31.3%、未設定である団体は59.7%である。

　標準審理期間の設定は、いたずらに審理期間が長期化することを防ぐ効果があると考えられるため、各機関、団体において、標準審理期間を定めるべきである。

　上記2つの調査において、審理の長期化要因としてあげられているのは、審理員指名に期間を要している、審理員意見書の提出を受けてから諮問を行うまでに期間を要している、行政不服審査会からの答申を受けてから裁決までに期間を要している、諮問から答申までに期間3カ月以上を要しているというものである。

⑵　審理の長期化を防ぐには

　審査請求を受けてから審理員の指名までに期間を要している事例が報告さ

5　前掲（注1）参照。
6　前掲（注2）参照。

れているが、このような事務手続は迅速に行うべきである。

　また、審理員は審理意見書作成を見据え、その基礎となる争点整理表をできるだけ早期に、少なくとも証拠調べ前に作成するべきである。争点整理表は、審理員意見書に書く「判断」の前に掲げられる事項である。

　審理員は、争点を早期に把握し、弁明書提出時点で処分庁から必要十分な主張をさせ、必要な物件についても同時点までに提出させるべきである。

　争点整理ができれば、次は当事者が各争点について立証を行う段階になる。審理員は、各当事者にどのように立証するか（書証、証拠物、参考人調べ、鑑定、検証などの有無、実施希望の有無）を聞き、審理計画を立てる。審理計画については、審理関係人に通知することが望ましい。

　審理員は、審査請求に係る事件が複雑である等の事情により、審理手続を計画的に遂行する必要があると認める場合には、期日および場所を指定して、審理関係人を招集し、あらかじめ、審理手続の申立てに関する意見の聴取を行うことができる（法37条1項）。審理員はこの手続を行ったときは、遅滞なく、審理手続の期日および場所、審理手続の終結の予定時期を決定し、これらを審理関係人に通知する（同条3項）。

　また、審理員は書証、証拠物について提出期限を定めることができ、期限までに提出がされなければ審理を終結することができる（法41条2項1号ニ・ホ）。審理員は、適切に提出期限を設定して審理を進めるべきである。

【書式9】　争点整理表

争点整理表

審査請求人　　　　A

　　　　　　　　　　　　　　　処分庁　　　B社会福祉事務所長

1　審査請求の対象
　　令和4年7月1日付の生活保護変更決定処分

2　争いのない事実
(1)　審査請求人は令和元年1月から障害年金を受給している。
(2)　審査請求人は令和3年1月1日から生活保護法による保護を受給している。
(3)　令和4年2月から障害年金の金額が増額となった。審査請求人は、令和4年2月28日付及び同年4月30日付で正しい年金収入額を記載した収入申告書を処分庁へ提出したが、処分庁は収入認定済み年金収入額の認定変更を行わなかった。
(4)　処分庁は、令和4年6月30日付で審査請求人より、収入申告書を受理し、障害年金が増額となっていることを把握し、同年7月1日付で令和4年4月から同年6月までの収入認定済み年金収入額の認定変更を行った。
(5)　処分庁は、令和4年7月1日付で、認定変更により生じた戻入金6,000円全額を、同年7月分の保護費に収入充当し、令和4年7月分の保護費の額を変更する決定（以下「本件処分」という）を行った。
(6)　審査請求人は、令和4年7月20日、○○知事に対し、本件処分の取消しを求める審査請求を行った。

3　争　点
(1)　変更後の年金収入認定額は適正か
(2)　遡及した4か月分の過支給保護費が一括で7月分の保護費に収入充当されたことは適切か
(3)　審査請求人が正しく収入申告を行っていたにもかかわらず、処分庁がこれを見落とし、4か月分の過支給保護費が生じることになったことについて

4　争点に対する審査請求人及び処分庁の主張

争点	審査請求人	処分庁	証拠書類等
(1)	収入認定額の計算方法が不明である	収入申告書及び年金額通知書に基づき適正に計算している	収入申告書　年金額通知書　通帳
(2)	一括で収入充当されることについて何ら説明はなかった、一括で収入充当されては生活できない	生活保護手帳別冊問答集13－2（扶助費戻入決定の限度は、3か月程度と考えるべき）に基づいて、4か月分発生していた戻入金を3か月分のみ遡及して収入充当したものであり、妥当である	ケース記録

(3)	処分庁の見落としによって過支給保護費が生じたものであり、審査請求人に落ち度はなく、遡及して収入充当されることはおかしい	処分庁の認定に誤りがあった場合に、遡及して収入充当できない旨の規定はない	

※ぎょうべんネット編32頁に掲載されている争点整理表ををもとに作成した一例である。

Ⅳ　証拠調べ

1　口頭意見陳述

⑴　口頭意見陳述の意義

　審査請求の審理は、書面審理を基本としているが、それを補充するものとして口頭意見陳述（法31条）の制度が用意されている。審理員は、審査請求人または参加人の申立てがあった場合には、口頭意見陳述の機会を与えなければならない。口頭意見陳述は、当該申立人が矯正施設に収監中であって口頭意見陳述の機会への出頭が困難であるなどの事情により、意見陳述の機会を与えることが困難であると認められる場合を除き、実施しなければならない。もし、申立てがあったにもかかわらず、口頭意見陳述を実施しなかった場合には、裁決固有の瑕疵となる。

　審理員は口頭意見陳述の申出ができることを審査請求人、参加人に対して教示し、申出の予定を確認するべきである。口頭陳述の重要性のため、および計画的に審理を進めるためである。

⑵　口頭意見陳述の出席者、開催場所

　申立人は、審理員の許可を得て、補佐人とともに出頭することができる（法31条3項）。補佐人とは、申立人が外国人である等の場合に当該申立人の陳

述の補佐をする者、専門知識をもって審査請求人等を援助する第三者や、申立人が法人の場合における当該法人の事務担当者等が該当する。

　審査請求人や参加人が遠隔地に所在しており、審査庁の事務所に赴くことが困難な場合には、①審査請求人等が参加しやすい場所を口頭意見陳述の場所とすることや、②ウェブ会議、テレビ会議といったオンラインの方法で行うことも可能である（施行令8条）。

⑶　処分庁への質問権

　申立人は審理員の許可を得て、審査請求に係る事件に関し、処分庁等に質問をすることができる（法31条5項）。

　処分庁への質問は審理員の許可を得て行うことになっているが、その趣旨は、質問権が濫用され、審理が混乱することに配慮したものである。したがって、審理が混乱するおそれがない場合には、質問権の重要性に鑑みて、審理員は質問について許可をしなければならない。

　処分庁等に対する質問に対する処分庁等の回答義務については、法文上明示されてはいないが、回答がなされなければ質問権が保障された意味がないし、処分庁等は審理に協力すべき責務を有しているため（法28条）、処分庁等は質問に対して回答すべき義務を負っていると考えられる。また、口頭意見陳述の機会は、反対尋問の機会として活用されるべきことから（第2章Ⅴ参照）、処分庁からの回答は原則として口頭意見陳述の場でなされるべきである。総務省行政管理局が発表しているガイドライン（71頁）も処分庁からの回答は原則として口頭意見陳述の場でなされるべきであるとしている。

⑷　審理員としての対応

　審理員は、審査請求人等の申立てにより、または職権で審査請求に係る事件に関し、審理関係人に質問することができる（法36条）。

　よって、審理員は、口頭意見陳述の機会に、申立人の陳述内容および処分庁等の回答内容についての見解を審理関係人に質問するべきである。また、争点についての審理関係人の主張を明らかにする必要がある場合には、その

他の事項についても質問をし、その回答について他の審理関係人に見解を質問するべきである。そうすることによって、口頭意見陳述の機会が充実したものになり、効率的に審理を行うことにつながる。

(5)　記録の作成

口頭意見陳述終了後は、遅滞なく、その記録を作成する。この記録は、審理員意見書とともに審査庁に提出される事件記録に含まれる（法41条3項）。

2　証拠書類等の提出

(1)　証拠書類等の検討

審査請求人または参加人、処分庁等は証拠書類等を提出することができる（法32条1項・2項）。

処分庁は、弁明書に処分に対する審査請求であれば処分の内容および理由を、不作為に対する審査請求であれば、処分をしていない理由並びに予定される処分の時期、内容および理由を記載しなければならないから（法29条3項）、これらに対応する証拠書類等も提出されなければならない。

審理は、当事者主義ではなく、職権主義となっているので、審理員は必要な証拠書類等が適切に提出されているか否かを検討し、不足がある場合には、審査関係人に対し、証拠書類の提出を求めなければならない。

また、審理員は証拠書類等の提出期間を定めることができ、期間内に提出がない場合には審理を終結することができる（法32条、41条2項1号ニ）。期間を定めたこと、期間内に提出がなければ審理を終結する可能性があることは、文書ですべての審査関係人に知らせるべきである。

(2)　証拠書類等の保管

提出された証拠書類等は、審査請求人等による閲覧・謄写の対象となる（法38条1項）。したがって、審理員は審理手続が終結するまでの間、提出された証拠書類等を適切に保管しなければならない。証拠物についても、同条同項で閲覧の対象となっているので、審査員は審理終結まで留めおいて保管す

べきである。

　提出書類等の閲覧・謄写の際には、必要がないと認めるときを除き、審理員は当該閲覧・謄写の対象となる提出書類等の提出者の意見を聴かなければならない（法38条2項）。そのため、書類等の提出を受ける際に閲覧・謄写についての意見を聞いておくとよい。

　また、審理員は書証と証拠物の一覧表を作成し、審理関係人に交付するべきである。閲覧請求の際に便利であるし、審理関係者が知らない間に他の審理関係者が証拠書類等を提出することによる不意打ちを防ぐことになる。さらに、審査庁や審査会が提出されていた証拠書類等を知らないまま裁決や答申を行うことも防ぐことができる（なお、証拠書類等は事件記録に含まれるので、審理員は審理員意見書とともに審査庁に提出しなければならない（法41条3項、施行令15条1項））。

　審理員は、審理を円滑に進めるため、提出を受けた証拠書類等について、職権または審査請求人等の同意を得て、すべての審理関係人に送付すべきである。実際にそのような運用をしている事例がある（ガイドライン75頁）。

3　書類その他の物件提出要求

(1)　物件提出要求とは

(A)　物件提出の内容

　審理員は、審査請求人または参加人の申立てにより、あるいは職権で、書類その他の物件の所持人に対し、相当の期間を定めて、その物件の提出を求めることができる。審理員は、提出された物件を留め置くことができる（法33条）。

　期間内に提出がされないことは、審理の終結事由になる（法41条2項1号ホ）。なお、法文上は、審理関係者以外の第三者が期間内に物件を提出しない場合にも審理を終結することができる。しかし、第三者が物件を提出しないことをもって審理を終結することに合理性はなく、そのような事由により

審理を終結させるべきではない（ぎょうべんネット編22頁）。

(B)　物件提出要求先

物件の提出要求を行う対象は、審理関係人およびそれ以外の第三者である。

この物件提出要求には、法的拘束力はないとされる（宇賀Q＆A134頁、コンメンタール行政法Ⅰ453頁〔豊島明子〕）。しかし、強制力がないからといって法的義務がないとはいえない。弁護士法23条の2に基づく報告の請求、いわゆる弁護士会照会についても、強制力はないが、最高裁判所は公務所が回答する法的義務を否定しておらず、下級審の裁判例ではいずれも法的義務としている（ぎょうべんネット編21頁）。

審理員としては、物件提出要求に応じるべき法的義務があることを説明し、要求先に提出を促すべきである。

(2)　申立てによる場合

審査請求人または参加人から物件の提出要求がされた場合、審理員は必ずしもこれに応じなくてもよい。物件の提出要求を行わないと判断した場合には、審理関係人に対して通知すべきであり、その理由も明らかにすべきである。

(3)　職権による場合

提出されている主張書面、提出済みの証拠書類等では、審査請求人の主張についての判断が困難である場合、審理員は職権で物件の提出要求を行う。これにより、審理を充実したものとすることができる。

審理員が職権により物件等の提出要求を行った場合には、その結果を書面化し、審理関係人に通知するべきである。

当事者への不意打ちを防止するため、また、閲覧・謄写の便宜のため、物件の提出要求により入手した物件等についても、審理員は書証と証拠物の一覧表を作成し、審理関係人に交付すべきである。

(4)　関係者への送付

提出要求に応じて提出された物件等については、審理関係人による閲覧・謄写の対象となる（法38条1項）。したがって、審理員は物件が提出されたこ

とを審理関係人に通知すべきである。

　審理員は、提出書類等の閲覧・謄写の申出があった場合には、提出書類等の提出人の意見を聴くこととなっているため（法38条2項）、物件の提出時に審理関係人による閲覧等の可否等についての意見を聴取しておくべきである。

　なお、円滑な審理のためには、提出された物件等の写しを審理関係人に交付することが望ましい。そのため、物件の提出を受ける場合には、提出者から審理関係人へ交付することへの同意を求めるべきである。

　なお、物件等に第三者の個人情報等が含まれていた場合には、写しの交付は慎重であるべきである。第三者情報が記載されている提出書類等の閲覧・謄写の請求があったときは、原則として、当該第三者の意見を聴取すべきである（宇賀Q＆A146頁）。

4　審理関係人への質問

　審理員は、審査請求人もしくは参加人の申立て、または職権により審査請求に係る事件について、審理関係人に質問することができる（法36条）。

　審理員は、申立てを受け、質問を行う必要性について判断した場合には、その結果を申立人に通知するべきである。

　審理員がこの質問を行った場合には、記録を残し、その記録を審理関係人に送付すべきである。質問の手続の記録は、審理員意見書の提出の際にあわせて審査庁に提出される事件記録に含まれる（法41条3項、令15条1項5号）。

　具体的には次のような場合に、質問を行うことが考えられる。

①　審査請求内容が不明確であるなど疑問がある場合

②　口頭意見陳述の申立てがない場合で、審理関係人の主張を明確にしようとするときに、書面等により審理関係人に質問する場合

③　反論書等で示された他の審理関係人の主張や参考人陳述等の手続で判明した事実等に対する反論を促すために、書面等により審理関係人に質問する場合

④　口頭意見陳述において、申立人の陳述内容および処分庁等の回答内容について他の審理関係人への反論等を促すため、口頭により当該審理関係人に質問する場合

⑤　審理手続の申立てに関する意見聴取において、争点等を効率的に整理するため招集した審理関係人の主張の内容等を正確にするため口頭により当該審理関係人に質問する場合

5　参考人の陳述・鑑定

審理員は、適当と認める者に、参考人としての陳述を求め、または鑑定を求めることができる（法34条）。

鑑定を行った場合には、記録を残し、その記録を審理関係人に送付すべきである。この記録は、審理員意見書の提出の際にあわせて審査庁に提出される事件記録に含まれる（法41条3項、令15条1項5号）。

6　検　証

審理員は、必要な場所について検証を行うことができる（法35条1項）。審査請求人等の申立てににより検証を行う場合には、その日時および場所を申立てをした者に通知し、検証に立ち会う機会を与えなければならない（同条2項）。

検証を行った場合には、記録を残し、その結果を審理関係人に送付すべきである。この記録は、審理員意見書の提出の際にあわせて審査庁に提出される事件記録に含まれる（法41条3項、令15条1項5号）。

7　提出書類等の閲覧・謄写等

⑴　閲覧・謄写請求権の意義

審査請求人または参加人は、審理手続が終結するまでの間、審理員に対し、提出書類等の閲覧・謄写を求めることができる（法38条1項）。

　審理員は、提出書類等の閲覧・謄写を認める場合には、その提出書類等の提出人の意見を聴かなければならない。ただし、審理員がその必要性がないと認めるときは、意見を聴く必要はない（法38条2項）。

　なお、提出人が閲覧・謄写について反対の意思表示を示したとしても、審理員はその意見に拘束されるものではなく、閲覧・謄写を認めることができる。その場合、提出人が閲覧・謄写の許可決定について取消訴訟や差止訴訟を提起する可能性がある。仮の救済が認められることはほとんど考えられないので、審理員はそのまま審理手続を続ければよく、後に裁判所の判断が出ればそれに従うことになる（ぎょうべんネット編25頁）。

(2)　閲覧・謄写請求の拒否事由

　審理員は、第三者の利益を害するおそれがあると認めるとき、その他正当な理由があるときでなければ、閲覧・謄写を拒むことができない（法38条1項）。

　第三者の利益を害するおそれがあると認めるときとは、第三者である個人の権利や利益が侵害されるおそれのあるとき、第三者である法人等の競争上の利益等の正当な利益が侵されるおそれがあるとき、その他正当な理由があるときとは、行政調査のノウハウが知られ当該調査の実効性が阻害されるおそれがあるとき等であり、この判断にあたっては、個人情報の保護に関する法律78条が定める不開示情報に該当するかを考慮することになるとされる（宇賀Q＆A 145頁）。

(3)　第三者情報が記載されているとき

　審査請求人、または参加人から提出書類等の閲覧・謄写の請求があったとき、対象の物件に第三者情報が記載されている場合には、その第三者の権利利益を害する可能性があるため、第三者の意見を聴取すべきである。第三者

7　条文上は、謄写は「当該書面若しくは当該書類の写し若しくは当該電磁的記録に記録された事項を記載した書面の交付」とされている。
8　宇賀Q＆A 146頁は、この場合には、審理員は閲覧・謄写の許可決定をしてから、実際に閲覧・謄写をさせるまでに提出人が閲覧・謄写の許可決定に対して取消訴訟を提起するのに必要な期間をおくべきであるとする。

が閲覧・謄写に反対の意見を表明したとしても、審理員がこれに拘束される
ものではないこと、閲覧・謄写許可決定に対する取消訴訟等が提起される可
能性があることについては前記(1)と同様である。

⑷　職権による閲覧・写しの交付

　提出書類等について、その書類等の内容が、審理員意見書や裁決に関係す
ると審理員が判断した場合には、職権により、審査請求人等に対して当該書
類等の写しの交付等を行うべきである（ガイドライン91頁）。

Ⅴ　その他の手続

1　審理手続の併合または分離

⑴　審理手続の併合

　審理員は、審査請求を併合することができる（法39条）。審査請求が併合さ
れると、1つの裁決が出されることになる。

　審理手続を併合することが適当である具体例としては、次のようなものが
考えられる（ガイドライン97頁）。

① 　複数の審査請求に係る処分等が相互に関連しており証拠書類等が共通
　　する場合や、審理関係人が共通しており口頭意見陳述等の手続を一括し
　　て行うことが効率的である場合など、手続を一括して行うことにより審
　　理をより円滑かつ迅速に進めることができる場合

② 　争点を共通とする大量の審査請求（たとえば、支給基準の変更や施設の
　　未整備を違法とするものが考えられる）など審理手続を個別に行うよりも
　　当該争点についての審理を一括して行うことが効率的である場合

　審理手続を併合するにあたっては、プライバシー保護等の観点から、各審
査請求の審理関係人の意見を聴くべきである。

　審理手続を併合した場合には、その旨を審理関係人に通知する。また、審

理関係人が所持していない弁明書等があれば、その写しを送付する。

(2)　審理手続の分離

審理員は、併合した審理手続について、1つの審理手続によることが適当でないと認められるに至った場合には分離することができる（法39条）。

審理手続を分離した場合には、その旨を審理関係人に通知する。

2　審理手続の承継

審査請求人が死亡したときは、相続人その他法令[9]により審査請求の目的である処分に係る権利を承継した者は、審査請求人の地位を承継する（法15条1項）。

審査請求人が法人やその他の社団または財団である場合に、当該団体について合併または分割があった場合には、合併後に存続する団体もしくは合併により設立された団体、または分割により当該権利を承継した団体が審査請求人の地位を承継する（法15条2項）。

審査請求人の地位を承継した者は、書面でその旨を審査庁に届け出なければならない（法15条3項）。

審査請求人の地位を承継した旨の届出がなされるまでの間に、承継前の審査請求人にあててされた通知が、承継人に到達したときは、その通知は承継人に対する通知としての効力を有する（法15条4項）。

VI　審理員による執行停止の意見書

審理員は、審理手続の中で執行停止をする必要があると認める場合には、審査庁に対し、職権で執行停止をするべき旨の意見書を提出する（法40条）。

この意見書には、執行停止の内容およびその必要性についての理由を記載

9　一例として、国家公務員共済組合法44条により受給権者による支払未済の給付の権利を承継した者（コンメンタール行政法Ⅰ397頁〔藤枝律子〕）。

すべきである。

【書式10】　執行停止の意見書

執行停止についての意見書

○○年○○月○○日

審査庁　　○○知事　　○○○○　　殿

審理員　　○○○○

　審査請求人○○○○による処分庁○○福祉事務所長が行った生活保護廃止決定処分に対する審査請求について、下記の通り、当該処分について執行停止をすべきであると認められるので、行政不服審査法第40条の規定に基づき、執行停止をすべき旨の意見書を提出する。

記

第1　必要と認める執行停止の内容

　本件審査請求の裁決があるまで、当該処分の全部の執行を停止すること。

第2　執行停止すべきである理由

1　審査請求人は、現在30歳の女性であり、生後4か月になる長女と二人で暮らしている。審査請求人には、児童手当のほかには収入がなく、長女に対する養育費は受け取っていない。

2　審査請求人は、○○年○○月○○日、処分庁に対し、生活保護法に基づき、保護申請をした。

　　処分庁は、審査請求人に対し、○○年○○月○○日、開始日を○○年○○月○○日として保護開始決定を行った。

　　処分庁は、○○年○○月○○日付で、審査請求人が受給していた生活保護を廃止するとの決定をした。

　　審査請求人は、○○年○○月分からの生活保護費を受給できず、また、過去に受給した生活保護費の返還も求められている。

3　審査請求人の現在の所持金は150円程度であると認められる。

　　生活保護が廃止されたことにより、審査請求人は家賃を滞納し、賃貸人が審査請求人宅まで直接家賃の請求に来ており、このままでは居宅を失うおそれがある。また、光熱費も滞納しているため、今週末には電気、

> 　ガスが止められる可能性がある。携帯電話料金も滞納しており、間もな
> く契約解除になるおそれがある。食料品もほぼ底をついており、食べる
> 物も無くなりそうである。
> 　このままでは、近日中に、審査請求人及びその長女の健康、そして生
> 命が害されるおそれがあり、処分の執行を停止する必要があると認めら
> れる。
> 　よって、本件保護廃止処分については、その全部の執行を停止するべ
> きである。
>
> 　　　　　　　　　　　　　　　　　　　　　　　　　　　　　　　　以上

＊生活保護法19条4項の規定により、市町村長が保護の決定および実施に関
　する事務の全部または一部をその管理に属する行政庁に委任している場合
　（多くは福祉事務所に事務を委任している）には、審査請求は都道府県知事
　に対して行うことになり、その場合、審査庁は処分庁にも、処分庁の上級
　行政庁にもあたらないため、執行停止は審査庁の職権で行うことができな
　い（法25条3項）ことに注意する必要がある。

Ⅶ　審理手続の終結と審理員意見書の提出

1　審理手続の終結

　審理員は、必要な審理を終えたと認めるときは、審理手続を終結する（法
41条1項）。

　なお、書類等の不提出や、申立人が正当な理由なく口頭意見陳述に出頭し
ない場合が審理の終結事由とされているが（法41条2項）、合理性がなく、こ
のような理由で終結するべきではない（ぎょうべんネット編26頁）。

　ガイドライン（101頁）においても、法33条に基づく物件の提出要求につい
て、審理関係人ではない第三者が提出に応じない場合に、このことのみを理
由として審理手続を終結することは適当でない、法41条2項1号に該当す

ることのみをもって審理手続を終結することは適当でないとされている。

　審理員が審理手続を終結したときは、速やかに、審理関係人に対し、審理手続を終結した旨と、審理員意見書と事件記録を審査庁に提出する予定時期を通知する（法41条3項）。

　審理員は、この予定時期を通知する際に、審理関係者に対し前記Ⅲ5(2)で述べた争点整理表の最新版を提供し、意見を求めることが望ましい（ぎょうべんネット編27頁）。

2　審理員意見書

(1)　審理員意見書の提出時期

　審理員は、審理手続を終結したときは、遅滞なく、審査庁がすべき裁決に関する意見書を作成しなければならない（法42条1項）。

　審理員意見書の提出時期は、審理手続を終結してから「遅滞なく」とされている。複雑な事案であるか等の事情にもよるが、通常、審理員意見書の提出時期は、審理手続終結から1カ月程度が目安になると考えられる。

　作成した審理員意見書は、速やかに、事件記録とともに、審査庁に提出しなければならない（法42条2項）。

(2)　審理員意見書の記載事項

　審理員意見書の記載事項について、法律上の定めはないが、裁決書に準じる形でまとめるべきである。

(A)　意　見 [10]

裁決書の主文にあたるものである。

10　後藤貴浩「不服申立て（審査請求）に関する実務上の諸問題について」一般財団法人地方自治研究機構『自治体における行政不服審査制度の運用と自治体法務の課題に関する調査研究』（2023年）126頁および127頁には裁決の類型、裁決主文のパターンが一覧として示されており、参考になる〈http://www.rilg.or.jp/htdocs/img/004/pdf/r3/R3_11.pdf〉。

　(a)　却下案（法45条１項、49条１項）

　審査請求が法定の期間経過後にされたものである場合など不適法である場合の結論である。

　(b)　棄却案（法45条２項、49条２項）

　処分または不作為が違法でも不当でもない場合の結論である。

　(c)　事情案（法45条３項）

　処分が違法または不当ではあるが、処分を取り消したり撤廃したりすることにより、公の利益に著しい障害を生ずる場合において、審査請求人の受ける損害の程度、その損害の賠償または防止の程度および方法その他いっさいの事情を考慮して、処分を取り消したり、撤廃したりすることが公共の福祉に適合しないと認めるときは、当該審査請求を棄却することができる。この場合、裁決の主文は棄却となるが、処分が違法または不当であることを宣言する。

　事情裁決は二次紛争を招くことが高い[11]。行政事件訴訟の事情判決についても、その適用を疑問視する見解は多く、事情裁決を用いることには慎重であるべきである。

　(d)　認容案（法46条、47条）

　審査請求に理由があると認める場合の結論である。

　事実上の行為についての裁決では、事実上の行為が違法または不当である旨を宣言するとともに、法47条に基づく措置を命じるので、審理員意見書でも同措置について記載する。

　(e)　不利益変更の禁止（法48条）

　審査請求を認容する場合において、審査庁は審査請求人の不利益に当該処分を変更し、または当該事実上の行為を変更すべき旨を命じたり、あるいは変更したりすることはできない。

11　ぎょうべんネット編30頁。

(f)　申請に対する一定の処分に関する措置（法46条2項〜4項）

　法令に基づく申請を却下し、または棄却する処分についての審査請求に対する裁決において、処分の全部または一部を取り消す場合、審査庁は、一定の処分をすべきものと認めるときは下記の措置をとる。

①　審査庁が処分庁の上級行政庁である場合　　処分庁に対し、当該処分をするよう命じる。

②　審査庁が処分庁である場合　　当該処分をする。

　上記一定の処分に関し、法43条1項1号や、他の個別法令により第三者機関に対する諮問手続や、関係行政機関との協議その他の事前手続をとるべき旨の定めがある場合、審査庁がこれらの手続をとる必要があると認めるときは、審査庁はこれらの手続をとることができる。したがって、審理員は、これらの手続についても指摘することが望ましい。

(g)　不作為に対する審査請求を認容する場合の特例（法49条3項〜5項）

　不作為についての審査請求に対する裁決において、当該不作為が違法または不当である旨を宣言する場合、審査庁は、当該申請に対して一定の処分をすべきものと認めるときは下記の措置をとる。

①　審査庁が不作為庁の上級行政庁である場合　　不作為庁に対し、当該処分をすべき旨を命じる。

②　審査庁が不作為庁である場合　　当該処分をする。

　審査請求に係る不作為に係る処分に関し、法43条1項1号や、他の個別法令により第三者機関に対する諮問手続や、関係行政機関との協議その他の事前手続をとるべき旨の定めがある場合、審査庁がこれらの手続をとる必要があると認めるときは、審査庁はこれらの手続をとることができる。したがって、審理員は、これらの手続についても指摘することが望ましい。

(B)　理　由

　審理員意見書には、意見に至った理由を論理的に、わかりやすく記載する必要がある。

　審理員意見書には、審査請求人が主張していなくても、処分が法令上の要件のすべてを充足しているかについて記載しなければならない。また、各事実について、どのような証拠から認定したかを記載しなければならない。なお、処分庁が主張している一事をもって事実認定をすることは不適切である。

　審査請求においては、処分が適切になされたか、処分がなされないことが適切であるかが職権主義を踏まえて判断されなければならないから、弁論主義が適用される訴訟のように「審査請求人の主張する事実を認めるべき証拠はない」等と記載するだけでは不十分である。

【書式11】　審理員意見書

　　　　　　　　　　　　　　　　　　事件番号令和○○年度○○○○

審理員意見書

　　　　　　　　　　　　　　　　　　　　　　　○○年○○月○○日

審査庁　○○知事　○○○○　　殿

　　　　　　　　　　　　　　　　　　　　審理員　○○○○

　審査請求人○○○○による生活保護法第26条に基づく処分庁○○社会福祉事務所による生活保護廃止決定処分及び生活保護法第63条に基づく保護費返還決定処分に対する審査請求についての審理員の意見は下記の通りである。

記

第1　意見
　本件審査請求はいずれも認容されるべきである。

第2　事案の概要等
　1　事案の概要
　　　本件は、○○社会福祉事務所長（処分庁）が審査請求人に対して○○年○○月○○日付けで行った生活保護法第26条の規定に基づく生活保護廃止決定処分、及び、同処分庁が審査請求人に対して同日付で行った同法第63条の規定に基づく保護費返還決定処分に対し、審査請求人がいずれも取消しを求める事案である。

2　手続の特記事項

　　行政不服審査法第39条に基づき、生活保護法第26条に基づく処分庁○
○社会福祉事務所長による保護費返還決定処分についての審査請求（事
件番号○○）に関する審理手続を本件審理手続と併合した。

第3　事実関係

1　関係法令等の定め

(1)　生活保護法第10条は、「保護は、世帯を単位としてその要否及び程度
を定めるものとする。但し、これによりがたいときは、個人を単位と
して定めることができる。」と規定する。

(2)　生活保護法による保護の実施要領について（昭和36年4月1日　厚
生省発社第123号　厚生事務次官通知）第1は「同一の住居に居住し、
生計を一にしている者は、原則として、同一世帯として認定すること。
なお、居住を一にしていない場合であっても、同一世帯として認定す
ることが適当であるときは、同様とすること。」としている。

(3)　生活保護法による保護の実施要領について（昭和38年4月1日　社
発第246号　厚生省社会局長通知）第1は、「居住を一にしていないが、
同一世帯に属していると判断すべき場合とは、次の場合をいうこと。」
として、具体例を示している。

(4)　生活保護法第26条前段は、「保護の実施機関は、被保護者が保護を必
要としなくなつたときは、速やかに、保護の停止又は廃止を決定し、
書面をもつて、これを被保護者に通知しなければならない。」と規定す
る。

(5)　生活保護法第63条は、「被保護者が、急迫の場合等において資力があ
るにもかかわらず、保護を受けたときは、保護に要する費用を支弁し
た都道府県又は市町村に対して、すみやかに、その受けた保護金品に
相当する金額の範囲内において保護の実施機関の定める額を返還しな
ければならない。」と規定する。

2　処分の内容及び理由

　　処分庁は、遅くとも○○年○○月以降、審査請求人が●●という人物
と同居し、生計を共にしていると認定し、審査請求人が保護を必要とし
なくなったと判断し、審査請求人に対し、生活保護廃止決定処分を行った。
また、処分庁は、審査請求人が○○年○○月分以降、資力があるにも

関わらず、保護費を受け取ったものと認定し、生活保護法第63条に基づき、○○年○○月分以降に支給された保護費の全額である○○円を返還すべきであるとし、審査請求人に対し、保護費返還決定処分を行った。

3　審理手続の経過

○年○月○日　審査請求人により、本件審査請求が申し立てられた。

○年○月○日　審理員が指名された。

○年○月○日　処分庁より弁明書が提出された。

○年○月○日　審査請求人より反論書が提出された。

○年○月○日　審査請求人からの申立てにより、口頭意見陳述を実施した。

第4　審理関係人の主張の要旨

1　審査請求人の主張の要旨

(1)　処分庁は、保護廃止の理由として、審査請求人が第三者と生活を共にしていることを確認したためとしているが、そのような事実はなく、本件処分には理由がない。

(2)　審査請求人は、その長女と二人暮らしであり、収入がないことから生活に困窮しており、保護を必要としなくなったとはいえず、本件処分は違法である。

(3)　審査請求人には収入がなく、資力があるにも関わらず、保護を受けたものではないから、保護費を返還する必要はない。

(4)　本件処分は、審査請求人の言い分を全く聞かず、処分庁が一方的に行ったものであり、手続として甚だ不当である。そのような手続で行われた本件処分は不当である。

2　処分庁の主張の要旨

(1)　審査請求人は、遅くとも○○年○○月からは、第三者と生活を共にしており、保護を必要としなくなったため、処分庁は本件廃止決定処分を行った。

(2)　審査請求人は、○○年○○月以降、資力があるにも関わらず、保護費を受け取っていたため、生活保護法第63条に基づき、保護費の全額を返還すべきと認められる。

(3)　処分庁は、本件処分をするに当たり、審査請求人から事情を聞いており、適正な手続を踏んでいる。

第5　争点整理

1　本件保護廃止決定処分については、審査請求人が保護を必要としなくなったといえるか、具体的には、審査請求人が●●という人物と同一世帯であると認められるか、同一世帯であると認められる場合には世帯収入が保護基準を上回っているかが争点となる。

2　本件保護費返還決定処分については、審査請求人が資力があるにも関わらず保護を受けたといえるか、具体的には○○年○○月以降、審査請求人の世帯に保護基準を上回る収入があったと認められるかが争点となる。

3　処分庁は、処分をするにあたり、適正に手続を行ったかが争点となる。

なお、生活保護法第26条による生活保護廃止決定処分については、生活保護法第29条の2により、行政手続法第三章の規定は適用されない。

また、生活保護法第63条に基づく費用返還決定については、行政手続法第13条第2項第4号に該当するため、聴聞や弁明の機会の付与の手続を執る必要はない。

第6　審理員意見書の理由

1　審理員が認定した事実

(1)　審査請求人は、妊娠・出産により働くことができなくなり、収入がなくなったことを理由に、○○年○○月○○日に生活保護の申請をした（生活保護申請書）。

(2)　処分庁は、○○年○○月○○日、審査請求人に対し、貯金等の減少・喪失を開始の理由として、○○年○○月○○日を保護の開始日とする生活保護開始決定を行った（生活保護開始決定通知書）。

(3)　審査請求人は、○○年○○月○○日、長女を出産し、処分庁は同日以降、審査請求人について長女との二人世帯となったものと認定した（ケース記録）。

(4)　処分庁は、○○年○○月○○日以降、審査請求人の生活状況に疑問を持ち、その実態把握のため調査を重ねた（生活実態調査記録、ケース記録）。

(5)　処分庁による生活実態調査記録によると、審査請求人と●●という人物とは一定の接触があることが認められる。

(6)　処分庁は、○○年○○月○○日、審査請求人を○○社会福祉事務所に呼び出し、長女以外の者と一緒に住んでいないかについて質問した。審査請求人は、長女以外の者とは住んでいないと回答し、●●という人物との関係について説明しようとしたが、処分庁は審査請求人の話を十分には聞かなかった。

(7)　処分庁は、調査結果を基に、○○年○○月○○日、審査請求人が審査請求人宅において●●という人物と生活を共にしているため、保護の必要性がなくなったと判断した（ケース記録）。

(8)　処分庁は審査請求人と●●が同一世帯だとした場合の世帯収入について調査を行っていない。

(9)　処分庁は、○○年○○月○○日付けで、本件生活保護廃止決定処分及び本件保護費返還決定処分を行い、○○年○○月○○日に審査請求人に通知した（生活保護廃止決定通知書、保護費返還決定通知書）。

2　争点に対する判断

(1)　審査請求人が保護を必要としなくなったといえるか、具体的には、審査請求人が●●という人物と同一世帯であると認められるか、同一世帯であると認められる場合には世帯収入が保護基準を上回っているかが争点となる。

　　ア　審査請求人が●●という人物と同一世帯であると認められるか

　　　　処分庁が行った生活実態調査記録によれば、●●という人物が審査請求人宅を訪れ、一定の時間を過ごしていることが認められるが、審査請求人が●●という人物と同一の住居に居住しているとは認められない。また、審査請求人と●●という人物が生計を同一にしているとも認められない。

　　　　よって、審査請求人と●●という人物が同一世帯であるとは認められない。

　　イ　審査請求人と●●という人物が同一世帯であると認められる場合に、世帯収入が生活保護基準を上回っているか

　　　　処分庁はこの点について何ら調査を行っておらず、審査請求人と●●が同一世帯であるとした場合に、世帯収入が生活保護基準を上回っているとは認められない。

(2)　審査請求人が資力があるにも関わらず保護を受けたといえるか、具体的には○○年○○月以降、審査請求人の世帯に保護基準を上回る収

入があったと認められるか。

　上記(1)で検討したとおり、審査請求人と●●という人物が同一世帯であるとは認められない。すると、審査請求人は長女との二人世帯であり、審査請求人の世帯に収入がない状況に変わりはないといえる。したがって、審査請求人について資力があるにも関わらず、保護を受けたとはいえない。

(3)　本件各処分について、審査請求人の言い分を十分に聞かなかったことは違法、または不当ではないか。

　生活保護法第26条に基づき、生活保護を停止または廃止する場合については、行政手続法第三章の規定が適用されないため、聴聞や弁明の機会の付与の手続を執る必要はない。

　よって、処分庁が審査請求人の言い分を十分に聞かなかったことについて違法、あるいは不当とまではいえないものと考えられる。

　しかし、生活保護が廃止されることによる審査請求人、そして長女にとっての不利益の大きさを考えると、処分庁は審査請求人から十分な聞き取りを行うことが望ましかったと考えられる。

第7　結論

　以上のとおり、本件処分は違法であり、本件審査請求には理由があるから、行政不服審査法第46条1項の規定による取り消されるべきである。

第8　付言

　本件各処分を行うにあたり、処分庁は、審査請求人から十分な聞き取りをしていないものと認められる。

　本件各処分を行うにあたっては、法令上、聴聞や弁明の機会の付与の手続を執ることが義務づけられているものではないが、生活保護の廃止によって審査請求人及び長女が被る不利益の大きさを考えると、処分庁としては、審査請求人から十分に聞き取りを行い、慎重に手続を進めるべきであったと考えられる。

　今後は、生活保護の廃止または停止決定については、被保護者からの聞き取りを十分に行ったうえで処分を行うことが望まれる。

以上

第4章

行政不服審査会のあり方

I　行政不服審査会

1　行政不服審査会の性格

　行政不服審査会（以下、「不服審査会」という）は、審査庁の諮問機関である。

　行政不服審査法は、審理員意見書が提出された際、審査庁は、原則として（後述のとおり、多くの例外がある）、総務省に設置される国の行政不服審査会（法67条1項）に、地方公共団体の場合には、法81条1項または2項の機関に諮問すべきことを定めている（法43条1項）。不服審査会は、審理員の審理手続が公正に行われたか、裁決についての考え方等について答申を行う。

　旧法においては、このような制度はなく、不服審査会は、第三者的な諮問機関として位置づけられることになる。諮問機関であることから、不服審査会の答申（法79条）には法的拘束力はないが、答申と異なる裁決を行う場合には、合理的な理由が必要であることから（法50条1項4号）、事実上尊重されるべきものであり、また、地方自治体においては、条例において、明文で答申尊重義務を定めている場合もある。[1]

2　国

(1)　議論の経緯

　諮問機関としての不服審査会設置の案として、行政不服審査制度検討会最終報告（平成19年7月）では、①各府省の分野を横断して審理する統一的な機関を設置する案、②新たにまたは既存の機関を改組し各府省内の分野を横断して審理する機関を各府省に設置する案、③各府省の既存の審議会等を機関として活用するという案が検討されたが[2]、②のように各府省内に設置する

1　滋賀県情報公開条例22条3項、三重県情報公開条例21条4項。
2　「行政不服審査制度検討会最終報告（平成19年7月）」42頁。

案は、案件の少ない府省等も存在すると考えられ、また、③のように既存の審議会の利用では、必ずしもふさわしいものが存在しているとは限らないこと等から、現行法のとおり①の案が採用された。

　以上のような議論を経て、国の審査請求については、総務省に不服審査会が設置されている（法67条1項）。

(2)　不服審査会の体制・事務局

　国の不服審査会の委員は9人で構成され（法68条1項）、委員は原則として非常勤であるが、3人以内を常勤とすることができる（同条2項）。現在、国の不服審査会では3部会制がとられている。委員は、「審査会の権限に属する事項に関し公正な判断をすることができ、かつ、法律又は行政に関して優れた識見を有する者」であることが必要であり、両議院の同意を得て総務大臣により任命される（法69条1項）。

　また、不服審査会の事務を処理するため、事務局を置くことも定められており（法73条1項）、事務局長のほか、所要の職員を置くこととされている（同条2項。施行令24条1項。その他、行政不服審査会事務局組織規則参照）。

3　地方公共団体

(1)　不服審査機関の設置

　地方公共団体においては、執行機関の附属機関として、国の行政不服審査会に対応する機関を置くこととされている（法81条1項）。現状、多くの地方公共団体で、条例により不服審査会が設置されている。

　ただし、地方公共団体の規模により、常設の機関を設置することが合理的でない場合もある。そのため、地方公共団体においては、不服審査会に対応する機関は、事件ごとに設置することも認められている（法81条2項）。地方公共団体と一口に言っても、東京都や大阪府のような大規模自治体と小規模

3　総務省ウェブサイト〈https://www.soumu.go.jp/main_sosiki/singi/fufukushinsa/index.html〉。

自治体、都道府県と市町村ではその規模や処理件数も異なることから、柔軟な機関設計を認めたものである。

(2)　不服審査会の体制・事務局

東京都は12名で4部会制、大阪府は9名で3部会制をとっている。[4]委員の資格については、国と同様ということになろう。大規模自治体では、審査庁の事務局と不服審査会の事務局を別個に設置することが可能であるが、小規模自治体では、事実上、審査庁の事務局と不服審査会の事務局の兼務がやむを得ない場合もあると思われるが、できる限り公平性が確保されるしくみが望ましい。[5]

4　不服審査会答申の状況

国、都道府県および政令指定都市における不服審査会への答申の状況は、令和元年度分までは、総務省の統計でみることができる。

(1)　国の場合

審査請求における不服審査会への諮問件数の割合は非常に低い。

総務省のウェブサイトによると、令和元年の統計では、処理完了件数が2万7362件であるのに対し、国の不服審査会への諮問件数は、わずか111件にすぎない。諮問を行わなかった事由の多く（2万6740件）は、他の法律による適用除外であり、その他、「審議会等の議を経」ている等である（法43条1項1号ないし3号）。

令和2年度以降は、総務省行政不服審査会のウェブサイト上で、諮問件数や答申内容についての統計をみることが可能である。[6]

4　東京都行政不服審査会部会名簿〈https://www.soumu.metro.tokyo.lg.jp/12houmu/pdf/bukaimeibo6.pdf〉、大阪府行政不服審査会委員名簿〈https://www.pref.osaka.lg.jp/houbun/fufukusinsakai/fufukushinsa_meibo.html〉。

5　日本弁護士連合会行政訴訟センター編『行政不服審査法の実務と書式〔第2版〕』（民事法研究会、令和2年）65頁。

6　総務省ウェブサイト〈https://www.soumu.go.jp/main_sosiki/singi/fufukushinsa/toushin.html〉。

　令和４年の新規諮問件数は97件、答申は83件、審査庁の判断を妥当とし
たもの73件、審査庁の判断の一部を妥当でないとしたもの２件、審査庁の
判断を妥当でないとしたもの８件であり、認容が１割程度といってよい。最
も多かったのは、厚生労働省が審査庁であるケースであり61件であった（約
63％）。

(2)　地方公共団体（都道府県・政令市）

　同様に、総務省のウェブサイトによると、地方公共団体における令和元
年度の審査請求における処理完了案件数は9766件であり、そのうち不服審
査会等に諮問された件数が1935件であり、不服審査会等からの答申件数は
1926件である（認容相当56件2.9％、一部認容相当21件1.1％、棄却相当1788件
92.8％、却下55件2.9％、その他６件0.3％）。諮問を不要とする理由としては、
諮問が不要な審査庁であるケース（4067件）、他の法律による適用除外（2186件）
等である。

Ⅱ　諮問手続

1　諮問が必要となる場合

　審査庁は、審理員意見書の提出を受けたときは、法43条１項１号ないし
８号に定める場合を除いて、原則として、①審査庁が主任の大臣または宮内
庁長官もしくは内閣府設置法49条１項もしくは２項もしくは国家行政組織
法３条２項に規定する庁の長である場合は、不服審査会（法67条）に、②審
査庁が地方公共団体の長である場合には、法81条１項または２項の機関に
諮問しなければならない（法43条１項。前記Ⅰ２および３参照）。したがって、
地方公共団体の議会や地方公共団体におかれる委員会・委員が審査庁となる
場合には、不服審査会への諮問がなされないことになる（101頁コラム参照）。
　裁決との関係では、審査請求の全部が認容される場合には、諮問が不要と

されるため、諮問があった以上、審査請求人側は、不服審査会における調査審議の手続（法74条ないし79条）を想定して臨むべきである[7]。

2　諮問が不要となる場合

　法は、不服審査会への諮問についての例外を定め、以下の場合には不服審査会への諮問を不要としている（法43条1項各号）。

① 原処分や裁決の際に委員会や審議会等の議を経ている場合（1号〜3号）　原処分や裁決を行う際に、他の法令に基づき委員会や審議会等の「議を経る」こととされている場合には、不服審査会への諮問に代わる慎重な審議がされると考えられることから、重ねての諮問を不要としたものである。具体的には、原処分や裁決を行う際、ⓐ法9条1項各号に掲げる機関（(i)内閣府設置法49条1項・2項または国家行政組織法3条2項に規定する委員会、(ii)内閣府設置法37条・54条または国家行政組織法8条に規定する機関、(iii)地方自治法138条の4第1項に規定する委員会・委員または同条3項に規定する機関）、ⓑ地方公共団体の議会、ⓒこれらの機関に類するものとして政令で定めるもの（例として、日本公認会計士協会における資格審査会（公認会計士法46条の11）等）のいずれかの「議を経」ているとされるものについては、諮問は不要とされる（法43条1項1号・2号）。また、法46条3項または49条4項の規定により審議会等の議を経て裁決をしようとする場合にも諮問は不要である（同項3号）。

② 審査請求人から行政不服審査会等への諮問を希望しない旨の申出がされている場合（参加人から諮問しないことについて反対する旨の申出がされているものを除く。4号）

③ 諮問を要しないものであると認められる場合（5号）　本号が想定するのは、ⓐ行政手続法8条1項ただし書に該当するような場合で、審

7　ぎょうべんネット編53頁。

査基準が数値その他客観的指標により明確に定められている場合、ⓑ先例答申が存在し、その先例答申によるのであれば、諮問によっても結果が変わらないと考えられる場合である[8]。大阪府の行政不服審査会では、先例答申をあげ、諮問不要となる場合を掲げている[9]。

④　審査請求が不適法であり却下すべき場合（6号）　　審査請求が不適法である場合には、実体的な審理に入らないため（法24条、法9条1項ただし書）、諮問も不要とされる。しかし、実務においては、不服申立要件充足性の判断が容易でない場合も多い。この点は、最終報告別紙論点5．3でも取り上げられており、却下事案につき諮問を行うことは救済の遅延につながるとの立場が示されているが、判断が難しい場合に専門家の意見を聞くことは妨げられないとしている。たとえば、処分性の有無、処分の名あて人以外についての不服申立適格の有無、事後的な法律上の利益の消滅等の場合には、その判断は一義的に明らかでなく専門的な判断が必要である。そのようなことから、却下すべきことが一義的に明らかではないような場合に諮問を行うことは、法の趣旨に反するものではないと考えられる[10]。

⑤　審査請求人の救済の実現が図られる場合（7号および8号）　　原則として、審査請求を全部認容する場合、申請拒否処分または不作為については法46条2項各号または49条3項各号に定める措置をとる場合には、諮問は不要とされる。

8　宇賀204頁。

9　大阪府ウェブサイト「大阪府行政不服審査会に諮問を要しない審査請求」〈https://www.pref.osaka.lg.jp/houbun/fufukusinsakai/simonnhuyou.html〉。

10　なお、国の情報公開に関するものではあるが、却下相当と思われる事案についても諮問が行われていることにつき、「第20回情報公開・個人情報保護審査会委員等交流フォーラム開催記録」季報情報公開・個人情報保護89号15頁〔木村発言〕。

コラム　**不服審査会への諮問の適用除外**

　障害者の日常生活及び社会生活を総合的に支援するための法律に基づく市町村の介護給付費等にかかわる処分についての審査請求は、都道府県知事に対して行われる（同法97条1項）。都道府県知事は、これらの審査請求を扱う機関として、条例で、「障害者介護給付費等不服審査会」（以下、「介護費等不服審査会」という。なお、名称は自治体によりさまざまであり、「障害福祉審議会」等の名称が用いられることもある）を設置することができるとされている（同法98条1項）。この介護費等不服審査会は、地方自治法138条の4第3項の機関に該当することから、審査請求が介護費等不服審査会に諮問される場合には、通常の行政不服審査会への諮問は行われないことになる（法43条1項2号、9条1項3号）。その結果、法43条3項や、法74条ないし79条が必然的には適用されないこととなり、条例の建付けによっては審理員意見書の送付や行政不服審査法が規定するような審査請求人からの主張書面の提出や、口頭意見陳述の機会が十分保障されていない場合がある[11]。

　高度の専門性から法所定の不服審査会への諮問がなされないことが認められるとしても、慎重な審議と審査請求人の手続保障の観点から、関係人からの書面提出や口頭意見陳述の機会は、実質的にも保障されるような運用が望まれる。

11　この点については、令和4年2月24日付け兵庫県弁護士会の意見書が出されている（「兵庫県における障害者の介護給付費等の支給決定処分に対する審査請求手続につき適正な実施を求める意見書」〈https://www.hyogoben.or.jp/news/iken/13235/〉）。

諮問先の不存在

　審査庁が主任の大臣等および地方公共団体の長等以外の場合に、諮問先が存在しない事例がある（法43条1項）[12]。たとえば、審査庁が議会や委員会である場合には、諮問先が存在しない。しかし、議会については、その構成員が選挙で選ばれる等、選任の際の配慮があると考えられ、また、独立行政法人・特殊法人等については、当該団体等に処分権限を与えている個別法の立法趣旨などを考慮すると、諮問先がないことにつき一定の合理性があるといえる。一方、審査庁が教育長や地方公営企業の管理者の場合に諮問先が存在しない点については、一定の合理性があるにしても、今後、十分な検討が必要であろう。

3　諮問手続の方法

(1)　諮問書

　諮問にあたり、諮問書を作成する（【書式12】）のが通例である。そのうえで、審査庁は、審理員意見書（法42条2項）および事件記録の写し等を添えて諮問を行う（法43条2項）。

(2)　事件記録の写し

　「事件記録の写し」とは、審査請求書および弁明書のほか、①審査請求録取書（法20条）、②法29条4項各号に記載の書面、③反論書（法30条1項）、④意見書（法30条2項）、⑤口頭意見陳述（法31条1項）に関する記録等であり、法41条3項および施行令15条により規定されるものである。審査庁が審理員意見書等で主張する事実については、その裏づけとなる資料が含まれてい

12　最終報告43頁以下（「コ　諮問機関としての審査会の整備　（ウ）　評価・見直し内容等」）。最終報告別紙論点5．2。

【書式12】　処分についての審査請求に係る諮問書

○○○第○○○号

令和○年○月○日

行政不服審査会　御中

審　査　庁　名

○○　　○○

諮　問　書

　○○法（法律番号）第○条の規定に基づく処分に係る審査請求について、行政不服審査法第43条第１項の規定に基づき、別紙のとおり諮問します。

担当：○○　　○○

連絡先：○○○○

（別紙）

区分	内容
1　審査請求に係る処分 （処分の種類） □申請拒否処分 □不利益処分 □事実上の行為 □その他	(1)　処分の年月日、記号番号 (2)　処分をした行政庁 (3)　処分の名宛人 (4)　処分の概要
2　審査請求	(1)　審査請求年月日 (2)　審査請求人 (3)　審査請求の趣旨

3　諮問の理由	
4　参加人等	
5　添付書類等	①　諮問説明書 ②　審理員意見書（写し） ③　事件記録（写し） ④　事件記録（写し）につき法第78条第1項の規定による他の審査関係人からの閲覧又は交付の求めがあった場合の当該閲覧又は交付についての審査庁の意見をあらかじめ記載した書面 ⑤　審査請求人の総代若しくは代理人若しくは参加人の代理人の選任又は参加人の参加を示す書面 ⑥　当該処分の決定通知書（写し） ⑦　当該処分の申請書及び当該処分に係る審査基準（写し）又は当該処分に係る処分基準（写し） ⑧　その他参考資料
6　審査庁担当課、担当者名　電話、住所等	

（注1）　3の「諮問の理由」については、例えば、「原処分の維持が適当と考えるため。」、「法令に基づく申請の全部を認容することが適当と考えるが、参加人からこれに反する旨の意見書が提出されているため。」など、諮問を必要とする理由を簡潔に記載すること。

（注2）　5の②の「審理員意見書（写し）」及び③の「事件記録（写し）」については、行政不服審査法第43条第2項の規定により、諮問に際して添付することとされている書類である。

（注3）　5の①、④及び⑤の書類は、行政不服審査会運営規則第6条第1項各号に規定する書類であり、⑥及び⑦は同条第2項第1号から第3号までに規定する書類である。

（注4）　5の⑤〜⑦は該当する処理がなければ添付不要であり、⑥及び⑦の書類は、当該書類が事件記録に含まれている場合は、添付不要である。

（注5）　5の⑧の「その他参考資料」とは、法令及び行政不服審査会運営規則により添付することとされていない書類であって、審査庁が特に必要と判断するものである。

出典：総務省行政不服審査会ウェブサイト「様式第1号の1（処分についての審査請求に係る諮問書）」

ることが望ましい[13]。

　また、国の不服審査会については、運営規則6条において、添付すべき資料が掲げられており、同条に鑑みるならば、他の不服審査会においても、①裁決についての審査庁の考え方およびその理由を記載した書面、②処分の決定通知書の写し、③法令に基づく申請に対する処分については、申請書の写しおよび審査基準（行手法2条8号ロ等）、④不利益処分についての審査請求については、処分基準（同号ハ等）等の送付が望まれるであろう[14]。

⑶　通知および審理員意見書の写しの送付

　審査庁は、審理関係人（処分庁等が審査庁である場合にあっては、審査請求人および参加人）に対し、諮問をした旨を通知するとともに、審理員意見書の写しを送付することが必要である（法43条3項）。

Ⅲ　行政不服審査会における調査審議

1　行政不服審査会における審議

　不服審査会は諮問機関であることから、不服審査会における審議は、審理員に代わってあらためて事実関係や法令を調査し、審査請求の内容を判断するのではなく、審理員審理の手続・内容を、基本的には審査庁から提出された諮問書および添付書類に基づき、適正に行われたかを調査審議し判断することになる[15]。

2　手続の非公開

　不服審査会の調査審議の手続は、原則非公開とされる（運営規則28条本文）。

13　ガイドライン111頁（エ（運用））。
14　宇賀207頁。
15　条解354頁。

ただし、（国の不服審査会における）部会または総会（運営規則１条・２条）が相当と認めるときは、口頭意見陳述、口頭での説明または参考人の陳述の手続を公開することができる（運営規則28条ただし書）。また、会議の開催記録を作成し、インターネットを利用して公表すべきことが規定されている（運営規則29条）。なお、調査審議について規定する法第５章第１節第２款の規定は、法81条１項・２項の機関にも適用される（法81条３項）。

3　行政不服審査会の調査権限

不服審査会は諮問機関であるが、独自の調査権限も認められている（法74条）。

(1)　主張書面・資料の提出

前記Ⅱ３記載のような不服審査会に提出された書面のみでは、判断に不十分であると認められる場合、不服審査会は、審査関係人（審査請求人、審査庁等）に、新たに主張書面や資料の提出を求めることができる（法74条。審査関係人への通知については、運営規則12条）。

(2)　陳述または鑑定、その他必要な調査

また、不服審査会は、適当と認める者に対して、その知っている事実の陳述を求め、または鑑定を求めることができる（法74条）。

「適当と認める者」とは、事実についての陳述を求める場合には参考人であり（ただし、法34条の定める「参考人」とは区別される）、鑑定を求める場合には鑑定人である。

さらに、「その他必要な調査」として、審査関係人に口頭で意見を求めること、審査庁以外の行政機関等に対し資料の作成や口頭での説明を求めること等も可能である。添付された事件記録の写し・その他の添付書類のみからでは、十分に判断できない場合、関係人から直接口頭での意見聴取ができる意義は大きい。

(3)　口頭意見陳述

審理員審理においても、審査請求人および参加人による口頭意見陳述権が認められているが（法31条）、不服審査会の調査審議の段階においても審査関係人の口頭意見陳述の申立権が認められている（法75条）。調査審議の段階においては、審査庁側の申立権も認められている。

審査請求人または参加人は、口頭意見陳述において、不服審査会の許可を得て補佐人を同行することができる（法75条2項）。ただし、法31条とは異なり、不服審査会が必要がないと認めるときには、口頭意見陳述は実施されない（法75条1項ただし書）。また、審理員審理における口頭意見陳述（法31条）が対審的であるのに対し、法75条に基づく口頭意見陳述はそのような構造を予定しておらず[16]、すべての審査関係人を招集することや、審査関係人からの質問権の付与は規定されていない。

なお、関係者が遠隔地にいる場合、また、感染症の予防等の観点から、オンラインでの口頭意見陳述の実施もありうるが、その際には、手続が原則非公開であることから、実施の環境に配慮し、外部からの情報への不正アクセスなどが十分に防げているか等を確認したうえで、実施すべきである[17]。

(4)　審査関係人から提出される主張書面・資料の受取り

審査関係人は、審理員審理段階で提出したもののほか、不服審査会での調査審議にあたり、主張書面または資料を提出することができる（法76条）。

この点、法42条2項と異なり、不服審査会が審査庁に対して書面を送付すべき規定はおかれていないが、職権送付は禁止されるものではなく、法74条の調査と関連して必要な範囲で送付するということや、審査庁が法78条により、当該資料につき、閲覧・謄写を求めるということも考えられる[18]。

審査請求人側としては、審理員意見書における事実認定（処分庁での調査

16　条解360頁。
17　法31条の口頭意見陳述につき、ガイドライン67頁。
18　最終報告別紙論点5. 7。

不十分がないか等も含む）や法解釈が正しく行われているかを検討し、新たに主張書面を作成し、審理員審理段階で提出できなかった新たな証拠が見つかっている場合には提出すべきである。

(5)　提出資料等の閲覧

審査関係人は、提出された主張書面および資料につき、閲覧もしくは写しの書面の交付を求めることができる（法78条）。

 職権主義と不意打ち防止

　法は、現行の不服審査制度が、職権探知主義をとるか否かにつき、明文では何ら明らかにしていないが、学説・判例とも、職権探知主義をとることを否定してはいない[19]。

　法においては、審理員が、当事者から提出された証拠に加え、職権で独自に証拠を収集することが可能な建付けとなっており（法33条等）、また、不服審査会の調査審議も同様である（法74条等）。

　しかし、これらの権限を無限定に行使することが許されるわけではなく、当事者に対する不意打ちになってはならない（旧法40条5項ただし書、46条1項ただし書。不告不利の原則）。また、不服審査会の役割として、すでに尽くされた審理手続を諮問庁として調査する立場であることを踏まえると、その権限行使は慎重さが求められる。

　以上の点に関連し、不服審査会において、当事者が主張していない事実をどのように取り上げるかについては、以下のような答申がある。

　まず、令和元年度答申第20号（中小企業最低賃金引上げ支援対策費補助金交付決定取消処分）は、処分庁による処分の際、提示されなかった特定の理由が、審理員審理の手続でも争点とされていなかったにもかかわら

19　最判昭和29・10・14民集8巻10号1858頁（旧訴願法時代）、最判令和元・7・16民集73巻3号211頁、条解156頁、宇賀150頁。

ず、審理員意見書において、初めてその理由を持ち出し理由の差替えを行った点は、公正な手続の下で公正な審理（法１条、法28条）を実現したものとはいえず、審査請求を棄却すべきであるとの審査庁の判断は、妥当とはいえないと判断している。[20]

　次に、令和２年度答申第43号（中小企業退職金共済法10条５項に基づく退職金減額認定処分）[21]は、処分庁においても審理員審理においても、減額認定処分の根拠としては中小企業退職金共済法施行規則18条１号（「刑罰法規に触れる行為」）該当事由のみが検討されていた事案であったが、実際には他の要件に該当可能性があった事案であった。不服審査会では、該当可能性がある他の要件の論点は取り上げず、同条１号の調査が不十分であるとして、審査請求を棄却すべきであるとの審査庁の判断は妥当とはいえないとし、さらに審査庁および処分庁においてあらためて判断を行うに際しては、他の論点等も調査のうえ検討を行うべきとの答申を行っている。

　さらに、手続的瑕疵につき、岩手県平成28年度答申第２号（児童福祉司指導措置処分に対する審査請求）は、処分そのものについては妥当と判断したものの、職権による審査を行ったうえ、理由の提示（「継続的な指導を要するため」とのみ記載）については行手法14条１項の規定に違反する瑕疵があるとして、処分を取り消すべきであるとした。

　実際の問題として、審査請求人および処分庁が十分かつ適切にすべての主張を尽くしているとはいえない事案もあり、不服審査会の調査審議段階で、新たな論点に気づく場面も少なくないと思われる。したがって、職権による適切な権限行使が期待される場面が多々あるのは事実であろう。一方で、不服審査会段階で、どこまでその権限を行使することがで

20　「【報告】第５回行政不服審査交流会結果報告」季刊行政管理研究173号（令和３年）66頁〔中原茂樹発言〕。
21　前掲（注20）67頁〔中原発言〕。

きるかについては明確な基準は定まっていないと思われ、少なくとも、当事者に対する不意打ちにならない運用を十分心がける必要がある。

IV　答申の作成と送付

前記Ⅲの調査審議を経て、不服審査会は、答申を行う。答申を行う際には、答申書の写しを審査請求人および参加人に送付するとともに、答申の内容を公表することが義務付けられている（法79条。後記9参照）。国の不服審査会の答申は、総務省のデータベースで公表されており、地方公共団体についても一部は同データベースで公表されている。各地方公共団体独自のウェブサイト上で公開を行っていることもある。[22]

答申・裁決がデータベースとして公表されるようになり、答申・裁決についての研究も多く行われるようになった。[23]

答申書を受領した審査請求人および代理人は、裁決の予測が可能になる。仮に、事後の裁決が答申書と異なっていた場合にはその「理由」（法50条1項4号ただし書）が十分に記載されているかの判断を行うことになる。[24]

1　答申に記載すべき事項

不服審査会が答申書を作成するにあたり、答申には、不服審査会の結論および判断の理由等を記載することが必要である（運営規則25条3項）。判断の

22　総務省ウェブサイト「答申一覧」〈https://www.soumu.go.jp/main_sosiki/singi/fufukushinsa/toushin.html〉。

23　東京都ウェブサイト「答申内容」〈https://www.soumu.metro.tokyo.lg.jp/12houmu/toushinnaiyou.html〉、大阪府ウェブサイト「大阪府行政不服審査会について」〈https://www.pref.osaka.lg.jp/houbun/fufukusinsakai/〉。

24　谷遼大「行政不服審査制度に関する論点と答申の動向」行政法研究49号（令和5年）93頁以下、「特集　行政不服審査制度の見直し」論究ジュリスト38号（令和4年）134頁以下、「答申・裁決の透明化」最終報告45頁以下。

理由としては、①事実認定および②根拠を記載することになるであろう。また、不服審査会段階での職権調査の内容も記載すべきである。

不服審査会の答申書のひな型は特に定められていないが、概要、【書式13】のようになると思われる。

2　答申の内容および主文

審査請求人の請求を基礎づける十分な資料や根拠が見出せない場合には、請求を棄却する答申となり、反面、合理的な理由づけ・根拠づけがある場合には、（一部）認容答申となる。

3　請求を認容（一部認容）すべき場合

審査会の諮問機関としての性格から、答申の主文のあり方が問題となる[25]。

この点、①「審査請求を認容（または棄却）すべきである（原処分を取り消すべきである）」と記載する主文もあれば、②「審査請求を棄却すべきとした審査庁の諮問に係る判断は妥当でない」する主文もある。②の主文のほうが、より諮問機関としての性格になじむと思われるが（国の不服審査会は、②によっているようである）、実際の答申では①の主文も多くみられる。最終報告別紙論点5.6でも、「上記の趣旨を踏まえたものであれば、答申の対象が異なったとしても、特段の支障は生じなく、各審査会の判断に委ねる」とされている[26]。

(1)　実体的違法

処分に実体的違法があれば、原則として取消事由となる。

実体的な違法とは、事実認定の誤りや適用すべき法令の誤り、また、法令

25　前掲（注20）65頁〔中原発言〕。

26　なお、不服審査会が審査庁や審理員と同様の心証を形成することができない場合の答申のあり方については、矢島聖也「行政不服審査会の機能に関する答申の整理・分析」行政法研究49号（令和5年）81頁以下。

【書式13】　答申書例

諮問日：令和○年○月○日（諮問第○○号）
答申日：令和○年○月○日（令和○年度答申第1号）
事件名：生活保護停止決定についての審査請求事件

答　申　書

第1　審査会の結論

　○○市福祉事務所長（以下「処分庁」という）が、審査請求人に対して令和○年○月○日付で行った生活保護法（昭和25年法律第144号。以下「法」という。）第62条第3項の規定に基づく生活保護停止決定（以下「本件処分」という。）に対する審査請求（以下「本件審査請求」という。）は、認容すべきである。

第2　審査請求人の主張の要旨

1　審査請求人の主張の要旨

(1)　審査請求の趣旨

　　本件処分は取り消されるべきである。

(2)　審査請求の理由の要旨

(A)　令和○年○月○日付審査請求書

　　本件処分の前に、法27条による文書による指導を行うべきであった。

　　本件処分につき、理由付記（行手法14条）がない。

(B)　令和○年○月○日付反論書

　　処分庁は、平成○年○月○日に行った文書による指導の効力が続いているとするが、文書の効力は継続していない。

2　処分庁の説明の要旨

(1)　令和○年○月○日付弁明書

　　本件処分は適法に行われている。

　　平成○年○月○日に行った文書による指導の効力が継続しており、理由については、審査請求人の主張に正当な理由がないことを記載し説明している。

第3　審理員意見書の要旨
　1　意見の趣旨
　　本件審査請求は、棄却されるべきである。

　2　意見の理由
　(1)　実体法上の違法について
　　　・・・・・・・・・・
　(2)　手続法上の違法について
　　　・・・・・
　(3)　結論

第4　審査庁の裁決の考え方
　審理員意見書のとおり、本件審査請求を棄却する。

第5　調査審議の経過
　審査会による調査審議の経過は以下のとおりである。

年月日	処理内容
令和○年○月○日	審査庁からの諮問
令和○年○月○日	審議①　審査会事務局からの事案の説明及び事案についての審議
令和○年○月○日	審議②　口頭意見陳述の実施（審査請求人）
令和○年○月○日	審議③　答申案についての審議（オンラインによる開催）

第6　審査会の判断
　1　本件の事案の概要
　(1)　平成○年○月○日、処分庁は、審査請求人に対する保護を開始した。
　(2)　平成○年○月○日、処分庁は、審査請求人に対し、法第27条1項に基づき、文書で「○○を保有してはならない」との指示を行った。
　(3)　令和○年○月○日、処分庁は、審査請求人が、上記指示に反し、○○を保有している事実を把握した。
　(4)　令和○年○月○日、処分庁は、審査請求人に対し、法62条第4項の規

定に基づく弁明の機会を付与した。

(5)　令和○年○月○日、処分庁は、審査請求人に対し、上記指示に反した
ことを理由として、本件処分を行い、審査請求人に通知した。

(6)　令和○年○月○日、審査請求人は、○○県知事に対し、本件処分の取
消しを求める審査請求を行った。

2　適用される法令等の規定について

本件に適用される法令の定めは以下のとおりである。

(1)　法27条第1項

法27条1項は、保護の実施機関は、被保護者に対して、生活の維持、
向上その他保護の目的達成に必要な指導または指示をすることができる
としている。

(2)　法62条第1項

法62条第1項は、被保護者は、保護の実施機関が法第27条の規定により、
被保護者に対し、必要な指導または指示をしたときは、これに従わなけ
ればならないとし……

(3)　行政手続法第14条

行政手続法第14条1項は、行政庁が不利益処分をする場合には、その
名宛人に対し、当該不利益処分の理由を示さなければならないとし、同
条3項は、不利益処分を書面でするときは、その理由は、書面により示
さなければならないとしている。

3　審理員の審理手続について

本件審査請求において、審理員による審理手続は適正に行われたものと
認められる。

4　審査会の判断理由について

(1)　実体法上の違法について

指示は、個別状況に応じ毎回具体的な指導指示が行われるべきであり、
……

本件では、適切な指導指示を欠いていることから、本件処分は違法と
なる。

　⑵　手続法上の違法について

　　　行政手続法14条第1項の趣旨は……

　　　本件では、本件処分の理由となった違反行為の内容や日時場所の具体的な事実関係の記載がなく、処分の基礎となる具体的事実の特定を欠くことになり、審査請求人においても、どのような事実に基づいて本件処分がなされたのかを了知することができないことから行政手続法第14条1項に反し、本件処分は違法となる。

第 7　結論

　よって、「第 1　審査会の結論」のとおり判断する。

第 8　付言事項

　　理由付記の必要性について

　・・・・・・・・・

以上

解釈の誤り等である。

　事実認定の誤りは、法令適用の基礎となる事実につき、その評価が誤っている場合である。たとえば、第三者の収入であったにもかかわらず、生活保護受給者の収入と認定するような場合である。認定した事実に誤りはないものの、適用法令を誤る場合とは、すなわち、生活保護法63条を適用すべきところ、同法78条を適用するような場合である（同時に法令解釈の誤りでもある）。以上のような瑕疵がある場合には、基本的には取消事由となる。

　なお、計算の誤り等により、実体的には違法であっても、再計算によりさらに支給額が減額されるような場合には、不利益変更の禁止から（法48条）、処分を取り消すことは許されない。

⑵　妥当性を欠く場合

　処分庁以外が審査を担当することになる場合は、処分庁の裁量審査をある程度尊重すべきとの見解もあるが、不服審査会においても、処分の「不当性

審査」が可能である。

　ただし、不当と違法の区別は、必ずしも明確ではない。総務省のデータベースから、「認容」「不当」で検索を行っても、実際には、「違法又は不当」との理由で取り消されているものがほとんどである。

　請求認容もしくは処分を取り消すべきとの判断を行う際、調査不十分や[29][30]、手続的違法を「不当」とする答申もありうる。

　不服審査会として、処分庁の判断を否定する際の文言として、正面から「違法」を指摘するより、「不当」の文言を加えたほうが、不服審査会においても現場の担当者においても、心理的抵抗感が低くなると思われることや、不当性を理由とする救済は訴訟制度にはない利点であり、行政機関による自己統制という制度趣旨にも合致するものである。不当性審査は、最終報告においても検討されており[31]、その内容については、今後の研究や事例の積み重ねを待つことになると思われるが[32]、簡易迅速な救済制度として、「不当性」判断がより積極的に行われるべきであろう。

(3)　手続的違法

　手続的違法とは、文字どおり、法が要求する手続の要件を満たさず違法がある場合である。

27　小早川光郎『行政法講義(下)Ⅰ』(弘文堂、平成14年) 81頁。

28　松村亨「改正行政不服審査法に対する地方自治体からの評価」自治研究91巻1号(2015年) 13頁。

29　前掲 (注20) 67頁〔中原発言〕。国・平成30年度答申第84号 (退職手当支給制限処分。ただし、同答申は「少なくとも不当なもの」としている)。

30　矢島・前掲 (注26) 81頁であげられている滋賀県答申第2号 (平成29年9月4日) は、住宅扶助費 (生活保護法) の減額変更決定処分では、厚生労働省の定めた経過措置や特別基準を適用すべきだったのに適用しなかったとの主張に対し、審理員意見書は、これら経過措置等を適用すべき事情は認められないとした。答申は、経過措置等の適用の検討が十分にされていないとして、この点で、「不当な処分」との判断を行っている。

31　最終報告57頁「5　平成26年法改正時に主要論点とされていなかった課題　セ　不当性の観点からの審査対象の明確化」。

32　たとえば、平裕介「行政不服審査法活用のための『不当』性の基準」公法研究78号 (平成28年) 239頁。

　行政手続法上の規定としては、①処分基準の設定・公表（行手法5条）、②聴聞・弁明手続（同法13条）、③理由の提示（同法14条）等があげられる。

　このうち、①の処分基準の設定・公表を欠いたことについての瑕疵につき、大阪市令和4年度答申第8号（令和5年1月20日）は、職権判断を行い、審査請求人からの求めがあったにもかかわらず、審査基準を提示しなかったことは、行政手続法5条3項に違反すると判断している。

　③の理由付記・理由提示についての瑕疵は、非常に多くみられる事案である。判例は、理由付記・理由提示の目的を、行政庁の判断の慎重・合理性の確保および処分の相手方の不服申立ての便宜を図ることにあるとする（最判昭和60・1・22民集39巻1号1頁、最判平成23・6・7民集65巻4号2081頁）。

　理由提示の軽微な瑕疵は、処分取消し後に所定の手続を履践することにより、同じ処分が繰り返されることになり、慎重判断を促したという点では意味があっても、費用と時間のみがかかり、審査請求人にとって意味をなさない場合もある。このようなことから、理由の提示の瑕疵を認定しつつ、認容答申を行わなかったものとして、奈良県平成29年度答申第6号（平成29年8月23日、児童扶養手当に関するもの）等がある。

　なお、理由の提示に関し、生活保護法における国の基準改定による生活保護変更決定（不利益処分）についても、多くの不服審査請求が起こされている。減額の保護変更決定は不利益処分（行手法14条1項）であるにもかかわらず、標準化されたシステムや様式が定められていることから、決定通知書には[33]「基準改定による」の文言しか記載されていないことが多い。実際には、各自治体の広報誌やその他の資料等からその客観的に基準の内容を知ることが可能であったとしても、通知書自体の記載からは被処分者がその理由を了知することができないため問題となる。この点につき、地方公共団体の不服審査会の答申は分かれており、北海道令和元年度答申第27号（令和2年1月22日）

33　大阪府令和元年度答申第42号（令和2年2月13日）における付言等。

や大阪府令和元年度答申第42号（令和2年2月13日）は、恣意的判断が介入する余地がないことなどから取消事由とはしていない一方、三重県令和元年度答申第1号（令和元年6月21日）や、滋賀県答申第12号（令和2年6月8日）等は、請求を認容すべきとの答申を行っている。[34]

　以上を前提とすると、どの程度の手続的瑕疵があった場合に、請求を認容とすべきかの判断を一律に結論づけることは困難であるが、最高裁判例や理由の提示の趣旨に鑑みるならば、審査請求人（被処分者）が、記載自体から了知し得ない記載である場合には、原則として取消事由になると考えるべきであろう。行政の現場では、依然として理由の提示をはじめとする行政手続の必要性や意義が十分理解されていない可能性もあり、不服審査制度を通じて、その改善が望まれる。[35]

コラム　**理由の提示と行政DX**

　近時、行政の場においてもDX（デジタルトランスフォーメーション）が進められている。

　上記のとおり、理由の提示は、実は所定様式の問題と密接に関連している問題であるが、たとえば法定受託事務（地方自治法2条9項）を処理する場合には、各自治体が独自の様式を作成することはできない。したがって、行政DXの進め方が重要であり、システムを設計するにあたり、要求定義、要件定義および帳票定義において、法や判例が要求する理由提示が十分可能なように設計されている必要がある。その意味で行政DXの推進においては、行政手続法の理念が反映される必要があると思

34　谷・前掲（注24）99頁以下。

35　大橋洋一「検討会最終報告について──研究者の立場から」論究ジュリスト38号（令和4年）144頁等、同「行政不服審査会答申の法学研究の必要性と意義」論究ジュリスト32号（令和2年）95頁。

われるが、政府のシステム標準化検討会等の委員には、行政手続法に精通している専門家がみられず、このような専門家の参画が望まれる。

⑷　複数の違法事由

　処分庁による処分に、複数の違法事由の存在が認められる可能性のある場合、たとえば、手続的違法と実体的違法の両方が認められる可能性がある場合に、そのうちの 1 つのみを審査して認容答申を行うべきか、すべての事由を審査すべきかについては、両者の方法がありうると思われる。特に、手続的違法がある場合に、さらに実体的違法についても判断を行うかにつき、事案により答申のスタイルは分かれている。

　三重県令和 4 年度答申第 8 号（令和 4 年11月22日、児童福祉法34条の20第 2 項、養育里親の登録抹消処分）は、行政手続法13条の定める聴聞または弁明の機会の付与がされていなかったことから、本件での処分は、「虐待の有無等その余の点を判断するまでもなく、違法」であるとしている。一方、前述の大阪市令和 4 年度答申第 8 号（令和 5 年 1 月20日）は、職権判断として、審査請求人からの求めがあったにもかかわらず、審査基準を提示しなかったことが行政手続法 5 条 3 項に反すると判断したうえ、実体的な内容についても判断を行い、取消事由があるとしている。

　裁判所における民事訴訟（行政訴訟）の場合には、原告が主張する複数の請求原因のうち 1 つが認められれば請求が認められることになり、裁判所が他の請求原因すべてについて判断することはない。審査請求も申立人の権利救済のための手段であり、効率性や不服審査会の法的性格を念頭に置くと、1 つの主張事由について認容されるのであれば、他の主張事由についての判断は不要にも思われるが、行政の妥当性・適法性確保機能や監視機能の点から、事案により、すべての主張事由について審査することも当然許されるものと考える。

⑸　事情裁決についての答申

　法45条3項は、事情裁決を認めている。事情裁決は、行政事件訴訟法31条と同様のものであり、審査対象処分に取消事由があるものの、処分の取消しまたは撤廃により、「公共の福祉に適合しないと認められる」状況が生じる場合には、なお、審査請求を棄却できるとしている。実際の例は多くないと思われるが、弘前市令和元年7月30日答申（保育料決定に関する処分）は、市長から、処分を行った福祉事務所長に対する権限委任の規定がないことから、福祉事務所長が行った本件処分は、主体の瑕疵があり違法であるものの、本件処分を含め過去になされた同種の処分についても、取消しが行われた場合、いったん振り込まれた保育料を返還し、新たな処分により、再度、保育料の納入を行わせることは影響が大きく、そのため、違法であることを宣言するものの、処分を取り消さないとする事情裁決をすべきであるとしており、裁決も同答申に従った内容となっている。

4　請求を棄却すべき場合

　審査請求人の主張を基礎づけるだけの事実や資料がない場合、また、法令解釈が成り立たない場合には、請求は棄却されることになる。

5　請求を却下すべき場合

　法43条1項6号によれば、審査請求が不適法であって却下される場合には、諮問は不要とされるが、実際には、前記Ⅱ2のとおり、却下すべきか否かの判断が難しいものが多く、諮問されるケースも多いことから、却下すべきとの答申も多いものと思われる。総務省の答申データベースにおいても、「却下すべき」とのワードで検索すると293件の結果が表示される（令和6年5月15日時点）。

　却下事由として、不服申立適格の欠如、事後的事情による法律上の利益の消滅、期限徒過（法18条）等があげられる。

6　付言の記載

付言は、法令に根拠のある制度ではないが、運用上、処分庁への一種の提言として記載され、実際の答申の相当数に付言が付されている。

不服審査会は、確かに諮問機関として位置づけられるものであるが、付言が一種の提言であり提案にすぎないとすると、その権限を超えるものではないであろう。付言の内容は、個々の事案における手続や様式の改善を求めるもの、処分庁の調査方法等の改善を求めるもの、内部基準制度や運用そのものの改善を求めるもの等さまざまである。

現在、付言への対応状況の報告を義務付ける建付けとはなっていないが、処分庁の付言に対する対応や見解等を任意でも明らかにする制度があれば、行政の改善につながると思われる[36][37]。付言の機能やあり方の分析や研究もあり、「行政の適正な運営」、対話型の救済をめざすという点では、提言や意見として付言をなすことは有用であり、ガイドラインも付言が処分庁にその内容が伝わるようにすることが望ましいとしている[38]。

また、上記のような付言の機能や、前記のとおり、違法事由が認められてもあえて請求棄却の答申（裁決）を行うことがあることに照らせば、認容の答申か棄却（却下）の答申かにかかわらず、必要があれば付言を付すべきであろう。

36　最終報告47頁等、最終報告別紙論点5.8等。

37　矢島・前掲（注26）88頁「Ⅴ　付言のインパクト」においては、あまり付言のインパクトが大きくないことについても触れられている。

38　ガイドライン114頁においても、付言につき、「◎　審査庁は、付言が処分庁に対するものである場合には、付言の相手方である処分庁に確実にその内容が伝わるよう、答申書を処分庁に送付することが望ましい。◎　また、付言を受けた審査庁又は処分庁は、付言の内容に応じ、付言に対する考え方や検討結果などを、行政不服審査会等に示すなど、適宜の方法により真摯に対応（回答）を行うことが望ましい。※特に、定型的な案件について、繰り返し同じ指摘を受けることがないようにすることが望ましい」とされている。

7　答申の送付

不服審査会は、答申を行った際には、答申書の写しを審査請求人および参加人に送付することが必要である（法79条）。国の不服審査会では、送付は郵送によって行われる（運営規則26条）。

8　答申の効力

答申には拘束力はない。

しかし、裁決の主文が不服審査会等の答申書と異なる内容である場合には、異なることとなった理由を記載する必要がある（法50条１項４号かっこ書）。したがって、答申書と異なる内容の裁決であるにもかかわらず、その理由が記載されていなかったり、記載されていても十分な内容でない場合には、取消訴訟において、裁決固有の瑕疵となる[39][40]。

9　答申の公表

答申の内容は公表することが義務付けられている（法79条）。裁決等の内容の公表は努力義務である（法85条）。

令和２年度のアンケート結果によれば[41]、総務省のデータベースに答申を登録している団体は、133団体中86団体（約65％）であり、裁決を登録している団体は、133団体中77団体（約58％）である（東京都のように総務省のデータベースに登録せず、独自にウェブサイト上で公開している団体もある）。

裁決の公表をしない理由としてマスキング・匿名化等の作業に時間がとられること等があげられている。しかし、説明責任という点からは、違法性や

39　宇賀233頁。
40　県の情報公開条例が規定する答申尊重義務が問題となったものとして、滋賀県公文書管理・情報公開・個人情報保護審議会の建議（2020年８月23日付け）〈https://www.pref.shiga.lg.jp/file/attachment/5193864.pdf〉参照。
41　最終報告48頁。

不当性があった行政の問題点を国民に情報提供する必要はあるであろうし、判例と異なり、裁決・答申の正式な刊行物がないため、不服審査に係る者が判断に迷った際の手がかりを提供することもできる。その意味で、裁決・答申のより一層の公表が望まれる。[42]

10　答申分析の意義

新法施行後 8 年を経過し、総務省データベースに登録されている答申も8300件を超えている（令和 6 年 5 月15日時点）。答申は行政機関内部の第三者機関としての立場からの審査であることから司法判断とは異なり、また、（場合によっては処分庁を兼ねる）審査庁の裁決とも異なることから、答申を分析することには大きな意義がある。

答申分析につき、たとえば、長谷川佳彦大阪大学教授は、「訴訟になりにくい種類の事件を検討の素材にできる」として、「身体障害者手帳交付決定処分や精神障害者保健福祉手帳交付決定処分」等の事案をあげておられる。[43]

また、大橋洋一学習院大学教授も、答申を研究する意義につき、小規模自治体における「答申評釈を通じた情報提供」の有用性のほか、「審査請求を機縁として提起される理論問題には、判例を対象とした分析では扱われてこなかった新規課題を含」んでいるとし、行政裁量権行使の統制という視点からも「答申分析の寄与が期待される」と述べておられる。[44]

行政不服審査法の目的は権利救済と「行政の適正な運営を確保」すること、すなわち、行政の適正性（適法性および妥当性）の確保である。

この観点からすると、認容答申や認容裁決は、権利救済のみならず、誤った行政を是正するものであるから、その意味で、個別行政法の問題点を洗い

42　折橋洋介「行政不服審査会等の実績と今後」論究ジュリスト38号（令和 4 年）158頁。

43　長谷川佳彦「地方公共団体の行政不服審査会の答申から見た行政法理論の課題」行政法研究49号（令和 5 年）112頁。

44　大橋・前掲（注35）論究ジュリスト32号91頁。

出し、行政機関にフィードバックさせる機能もある。審査庁は（原則として）上級行政庁であることから、裁決において、処分を「変更」し（法46条1項）、また、一定の「措置」をとることもでき（同条2項）、この点は、司法審査と大きく異なる。

　新法施行以来8年が経過して、答申のみならず裁決についての研究も多く行われている。このように答申や裁決を分析することで、どの分野での審査請求が多いのか、どの個別法に基づく具体的な処分・決定に審査請求が多いのか、繰り返し多くみられる取消事由が何であるかを分析することが可能になり、個別行政法において取り組むべき課題もみえてくると思われる。上述の理由付記・理由提示の問題はその最たるものであり[45]、答申および裁決の分析が、行政課題の解決の端緒になることが望まれる。

45　前掲（注20）65頁〔中原発言〕、総務省行政不服審査会事務局「審理員意見書から見る行政不服審査のポイント」〈https://www.soumu.go.jp/main_content/000891296.pdf〉29頁（令和4年度答申第57号：追徴金の徴収決定）。

第5章

再調査の請求および
再審査請求

I　再調査の請求

1　再調査の請求の意義

　要件事実の認定の当否に係る不服申立てが大量になされるような処分等については、処分を行った当該処分庁において、処分の見直しを行ったほうが簡易迅速な権利救済に資することがある。そこで、法律の定めがある場合に限り、審査請求と選択的に再調査の請求ができることとした（法 5 条 1 項）。再調査の請求を行ったときは、法 5 条 2 項ただし書の場合を除き、当該再調査の決定を経た後でなければ、審査請求をすることができない（法 5 条 2 項本文）。

2　要　件

　再調査の要件は、以下のとおりである。

① 　処分庁以外の行政庁に対し審査請求ができること　　処分庁に対し再調査請求を行い、その後、審査請求も行うことは、処分を見直す手段としての意義が減殺される。そのため、審査請求を処分庁以外の行政庁に対し行うことができる場合に限定された。したがって、法 4 条 1 号に該当する場合には、再調査の請求はできない。

② 　法律の定めがあること　　現在、再調査の定めについての規定をおいているのは、国税通則法（75条）、関税法（89条）、公害健康被害の補償等に関する法律（106条）、とん税法（11条）、特別とん税法（ 6 条）である。

3　決　定

⑴　却下または棄却の決定

請求期間（法54条 1 項）の徒過や、再調査についての法律の定めを欠くなど、

再調査の請求が不適法である場合には、請求は却下される（法58条1項）。請求に理由がない場合には、処分庁は、棄却の決定を行う（同条2項）。なお、再調査の請求は、処分庁による処分の再考という簡易な手続と位置づけられていることから、事情裁決の規定は準用されていない。

(2)　認容の決定

処分庁が処分の再調査の請求につき理由があると認める場合には、決定において、当該処分の全部または一部を取り消し、または変更する（法59条1項）。申請拒否処分を取り消す場合には、明文の規定はないが、処分庁は、あらためて申請認容処分を行うと考えられる[1]。事実上の行為についての再調査の請求に理由がある場合には、当該行為が違法または不当である旨を宣言するとともに、当該事実上の行為の全部もしくは一部を撤廃し、またはこれを変更する（同条2項）。

上記いずれの場合であっても、再調査の請求人の不利益になるような変更は許されない（法59条3項）。

4　再調査の請求と国税通則法

(1)　国税通則法と不服申立て

平成26年の行政不服審査法改正にあわせ、国税通則法（以下、「税通」という）の改正も行われた。

国税に関する法律に基づく処分については、原則として、不服申立前置が義務付けられているところ（税通115条）、改正前は、まず異議申立てを行う必要があり、その異議決定後にさらに審査請求を行う建付けとなっており、二重の不服申立前置の構造となっていた。

平成26年改正では、不服申立前置自体は残されたが、審査請求に一本化された（税通115条1項）。すなわち、①税務署長、国税局長または税関長が行っ

1　宇賀253頁。

た処分に不服がある者は、当該処分を行ったものに対して再調査の請求を行うことができる（税通75条1項1号イ）。一方、この再調査を経なくとも、選択的に、②直接、国税不服審判所長に対し、審査請求を行うことも可能となった（同号ロ）。

⑵　再調査の請求

上述のとおり、再調査の制度は、不服申立てが大量にあるような処分において、処分を行った当該処分庁にあらためて当該処分を見直す機会を付与することにより、簡易迅速な救済を図ろうとしたものである。

審査請求と異なり、再調査の請求の手続においては、請求人は課税庁と直接協議する機会を得ることができる場でもあることから、活用が期待される。国税庁の統計によれば、令和4年度の請求件数は1533件で、前年度比37.0％の増加であった[2]。

Ⓐ　再調査の請求の方式

再調査の請求は、書面で行うことが義務付けられており（税通81条1項）、再調査の請求書には、以下の事項を記載する必要がある（【書式14】参照）。

①　再調査の請求に係る処分の内容（1号）

②　再調査の請求に係る処分があったことを知った年月日（当該処分に係る通知を受けた場合には、その受けた年月日）（2号）

③　再調査の請求の趣旨および理由（3号）

④　再調査の請求の年月日（4号）

Ⓑ　補　正

再調査の請求書が、税通81条1項・2項および124条の規定に違反する場合には、再調査審理庁は、相当の期間を定めて補正を命じる必要があるが（税通81条3項）、ただし、その不備が軽微なものであるときは、職権で補正を行うことができる（同項後段）。

2　国税庁「令和4年度における再調査の請求の概要」〈 https://www.nta.go.jp/information/release/kokuzeicho/2022/saichosa/index.htm 〉。

【書式14】　再調査の請求書

再調査の請求書

①　　　　年　月　日

②　＿＿＿＿＿　税務署長　殿
　　＿＿＿＿＿　国税局長　殿

再調査の請求人	③ 住所又は所在地（納税地）		郵便番号 －
	④ （フリガナ）氏名又は名称	（　　　　　）	電話番号 （　）
	⑤ 個人番号又は法人番号		※ 個人番号の記入に当たっては、左端を空欄にしてください。
	⑥ 総代又は代表者	住所又は居所	郵便番号 －
		（フリガナ）氏　名 （　　　　　）	電話番号 （　）
⑦ 代理人	住所又は居所		郵便番号 －
	（フリガナ）氏　名	（　　　　　）	電話番号 （　）

下記の処分について不服があるので、再調査の請求をします。

再調査の請求に係る処分の内容〈原処分〉	⑧ 原処分庁	（　　）税務署長・（　　）国税局長・その他（　　　）	
	⑨ 原処分日等	原処分（下記⑩）の通知書に記載された年月日	年　月　日付
		原処分（下記⑩）の通知書を受けた年月日	年　月　日
	⑩ 原処分名等（「税目」欄及び「原処分名」欄の該当番号をそれぞれ○で囲み、「対象年分等」欄は、「原処分名」ごとに記載した上で「税目」欄において○で囲んだ再調査の請求に係る処分の税目の番号を括弧書で記載してください。）	税　目	原処分名	対象年分等
		1 申告所得税（復興特別所得税がある場合には、これを含む。）2 法人税（復興特別法人税又は地方法人税がある場合には、これを含む。）3 消費税及び地方消費税 4 相続税 5 贈与税 6 （　　　）	1 更　正 / 2 決　定 / 3 加算税 a 過少申告加算税の賦課決定 b 無申告加算税の賦課決定 c 重　加算税の賦課決定 / 4 更正の請求に対する更正すべき理由がない旨の通知 / 5 青色申告の承認の取消し	以後
			6 その他（　　　）	
		7 源泉所得税（復興特別所得税がある場合には、これを含む。）	7 納税の告知 / 8 加算税 a 不納付加算税の賦課決定 b 重　加算税の賦課決定	

※整理欄	通信日付印年月日		整理簿	連絡せん	番号確認	身元確認	確認書類 個人番号カード／通知カード・運転免許証 その他（　　　）
	年 月 日	確認				□ 済 □ 未済	
	・　・						

※整理欄は、記載しないでください

再調査の請求人の氏名又は名称	

⑪ 再調査の請求の趣旨

★ 原処分の取消し又は変更を求める範囲等について、該当する番号を○で囲んでください。

　　1：全部取消し　………　初葉記載の原処分の全部の取消しを求める。
　　2：一部取消し　………　初葉記載の原処分のうち、次の部分の取消しを求める。
　　3：変　更　…………　初葉記載の原処分について、次のとおりの変更を求める。

★ 上記番号2の「一部取消し」又は3の「変更」を求める場合には、その範囲等を記載してください。

⑫ 再調査の請求の理由

★ 取消し等を求める理由をできるだけ具体的に記載してください。
　なお、この用紙に書ききれない場合には、適宜の用紙に記載して添付してください。

⑬ 添付書類等（★該当番号を○で囲んでください。）	⑭ 原処分があったとき以後に納税地の異動があった場合
1：委任状（代理人の権限を証する書類） 2：総代選任書 3：再調査の請求の趣旨及び理由を計数的に説明する資料 4：その他（　　　　　　　　　　　　　　　）	1：原処分をした税務署長又は国税局長 　⇒（　　　　）税務署長・（　　　　）国税局長 2：原処分の際の納税地 　⇒

⑮ 不服申立期間経過後に、再調査の請求をすることとなった理由

※ 補 正 欄	補正した日	補正箇所	補正内容

（出典：国税庁ウェブサイト）

130

補正は、再調査の請求人が、税務署その他の行政機関に出頭して補正すべき事項について陳述し、その陳述の内容を当該行政機関の職員が録取した書面を確認することによってもすることができる（税通81条4項）。

相当の期間内に補正がされない場合、または再調査の請求が不適法であって補正することができないことが明らかなときは、再調査審理庁は当該再調査の請求を却下することができる（税通81条5項）。

(C)　不服申立期間

再調査の請求は、処分があったことを知った日の翌日から3カ月以内に行う必要がある（ただし、再調査の請求後にする審査請求（税通75条3項・4項）を除く。税通77条1項）。処分が行われた日から1年を経過した場合にも、再調査の請求を行うことができない（同条3項）。ただし、いずれについても、期間が経過したことにつき、正当の理由があれば、請求を行うことができる（同条1項ただし書、同条3項ただし書）。

(3)　再調査の請求における手続

再調査の請求における手続につき、法61条は口頭意見陳述について定めた法31条（ただし、請求人の質問権を定めた5項を除く）および物件提出について定めた法32条（ただし、処分庁等からの物件提出を定めた2項を除く）等を準用している。

国税通則法における再調査の請求においても、同様の規定がおかれている。

(A)　口頭意見陳述

再調査の請求人または参加人から申立てがあった場合には、申立人の所在その他の事情により困難と認められる場合を除き、再調査審理庁は、当該申立てを行った者に対して口頭で意見を述べる（口頭意見陳述）機会を与えなければならない（税通84条1項）。

口頭意見陳述の期日および場所は、再調査審理庁が指定する（税通84条2項）。

口頭意見陳述に際し、申立人は、再調査審理庁の許可を得て、補佐人とともに出頭することができ（税通84条3項）、また、再調査審理庁は、必要があ

ると認めるときには、その行政機関の職員に口頭意見陳述を聴かせることができる（同条4項）。再調査審理庁または上記行政機関の職員は、口頭意見陳述の内容が事件に関係のない場合その他相当でない場合には、これを制限することができる（税通84条5項）。

(B)　物件の提出等

再調査の請求人または参加人は、証拠書類または証拠物を提出することができるが、再調査審理庁が相当の期間を定めたときは、その期間内にこれを提出しなければならない（税通84条6項）。

(4)　再調査の請求についての決定

以上の手続を経て、再調査審理庁は、再調査の請求についての決定を行うが、決定は、主文および理由を記載し、再調査審理庁が記名押印した再調査決定書によりしなければならない（税通84条7項）。請求に係る処分の全部または一部を維持する場合には、その維持される処分を正当とする理由も明らかにされていなければならない（同条8項）。

再調査決定書の謄本は、請求人および参加人に送達され、再調査の請求についての決定は、再調査の請求人に送達された時に、その効力を生ずる（税通84条10項・11項）。

(5)　不服申立て

再調査の請求についての決定に不服がある者は、決定書の謄本の送達の日から、1カ月以内に（ただし、正当の理由がある場合を除く）、国税不服審判所長に対し、審査請求を行うことができる（税通75条3項、77条2項）。

II　再審査請求

1　再審査請求の意義

(1)　法律の定め

　再審査請求は、法律に規定がある場合に限り、審査請求に対する裁決につき不服がある場合に、不服申立てを行う制度である（法6条1項）。旧法改正の際、異議申立てと審査請求の2本立てのしくみを、原則として審査請求のみに一本化したことから、再審査請求は、例外的に法律の定めがある場合にのみ認められる。

　具体的な法律の定めとしては、建築基準法95条、生活保護法66条1項等があげられる。また、再審査請求先は、法律の定めるところによるが、第三者機関が定められているものとして、社会保険審査会（社会保険審査官及び社会保険審査会法19条、健康保険法189条1項による再審査請求の場合）、労働保険審査会（労働保険審査官及び労働保険審査会法25条、労働者災害補償保険法38条による再審査請求の場合等）等がある。

(2)　再審査請求の対象

　再審査請求を行うことができるのは、処分についての裁決に限られ、不作為についての裁決を含まない。これは、不作為についての違法または不当の判断の基準時が、審査請求の審理終結時となることから、棄却裁決後に当該不作為が継続しているのであれば、不服がある者は、再度、不作為についての審査請求を行うことができるからである[3]。

　再審査請求は、審査請求における裁決（以下、「原裁決」という）または原処分を対象として行うことができる（法6条2項）。

3　宇賀36頁。

2　再審査請求の流れ

(1)　不服申立期間

　再審査請求は、原裁決があったことを知った日の翌日から1カ月を経過した場合には行うことができない（法62条1項）。また、原裁決があった日の翌日から1年を経過した場合も同様である（同条2項）。ただし、いずれの場合も正当な理由があれば例外として請求を行うことができる（同条1項ただし書・2項ただし書）。

(2)　再審査請求の裁決

　再審査庁は、不服申立期間を徒過する等、再審査請求が不適法である場合には却下裁決を行い（法64条1項）、理由がないと認める場合には棄却裁決を行う（同条2項）。また、原裁決が違法または不当であるが、当該審査請求に係る処分が違法または不当のいずれでもない場合にも、再審査庁は棄却裁決を行う（同条3項）。原裁決に裁決固有の瑕疵があるとしても、原処分が違法でも不当でもなければ、原裁決を取り消したとしてもあらためて審査請求を行った際、請求が認容されることにはならないため、争訟経済に照らし、このような規定がおかれている。

　事実上の行為を除く原裁決等についての再審査請求に理由があると認められる場合には、再審査庁は、当該原裁決等の全部または一部を取り消す（法65条1項）。事実上の行為についての再審査請求が理由がある場合には、当該事実上の行為が違法または不当である旨を宣言するとともに、処分庁に対し、当該事実上の行為の全部または一部を撤廃すべき旨を命ずることになる（法65条2項）。

　なお、再審査請求においても事情裁決が認められている。原裁決等に違法または不当があるが、これを取り消し、または撤廃することにより公の利益に著しい障害を生ずる場合において、再審査請求人の受ける損害の程度や損害の賠償等いっさいの事情を考慮して、取消しまたは撤廃が公共の福祉に適

合しないと認められるときは、再審査庁は、当該再審査請求を棄却すること
ができる（法64条4項前段）。この場合、再審査庁は裁決の主文で当該裁決等
が違法または不当であることを宣言する必要がある（同項後段）。

第6章

審査庁による裁決

I　裁決の時期

　審査庁は、行政不服審査会等から諮問に対する答申を受けたとき（諮問を要しない場合は審理員意見書の提出を受けたとき）は、遅滞なく、裁決を行うことが必要である（法44条）。

II　裁決の種類

1　却下または棄却の裁決

　法24条が規定する場合を含め、審査請求が不適法である場合には、審査請求は却下される（法45条1項）。不作為についての審査請求については、審査請求が不適法であるほか、当該不作為に係る処分についての申請から相当の期間が経過していない場合も含まれる（法49条1項）。審査請求に理由がないと認められる場合には、審査請求は棄却される（法45条2項、49条2項）。

2　事情裁決

　審査請求に係る処分が違法または不当であるものの、処分の取消しまたは撤廃により、公共の利益に著しい損害が生じる場合においては、審査請求人の受ける損害の程度、その損害の賠償または防止の程度および方法その他いっさいの事情を考慮したうえ、処分の取消しまたは撤廃が公共の福祉に合致しないと認められるときは、審査庁は、審査請求を棄却することができる（法45条3項前段）。この場合、審査庁は、主文で、当該処分が違法または不当であることを宣言しなければならない（同項後段）。

　ガイドラインによれば、「学校設置基準を満たさない私立学校認可申請に対してされた認可は違法であるが、審査請求時に既に当該学校が開校してお

り、当該認可の取消しが当該学校の在籍生徒や関係者に与える影響が甚大である場合」が例としてあげられている[1]。

3　認容裁決

(1)　処　分

審査請求に理由がある場合には、請求を認容し、裁決により、当該処分の一部または全部を取消しまたは当該処分を変更する。

理由があるときとは、処分が違法である場合のほか不当である場合を含む（法46条1項。処分の違法および不当の場合については、第4章Ⅳ3）。当該処分を変更することができるのは、審査庁が処分庁の上級行政庁または処分庁である場合に限られる。処分の変更とは、「処分の同一性を保持しつつ、これを加重または軽減する行為」であり[2]、たとえば、営業許可取消処分を営業停止処分に変更するような場合などがあげられる。審査請求人の不利益に変更することは許されない（法48条）。

(2)　申請拒否処分

申請拒否処分については、審査請求が認容され、当該申請拒否処分が一部もしくは全部につき取消しがされただけでは、権利救済の実効性が図られないことがある。

そのため、紛争の一回的解決の観点から、行訴法3条6項2号・37条の3に倣い、申請拒否処分を取り消す場合において、当該申請に対して、一定の処分をすべきものと認める場合には、①審査庁が処分庁の上級行政庁である場合には、当該処分庁に対し、当該処分をすべきことを命じ、②審査庁が処分庁である場合には、当該処分を行うことができるものとした（法46条2項）。ただし、審査請求人の不利益に処分を変更することはできない（法48条）。

たとえば、ガイドラインによれば、「条例に基づく、ひとり親家庭等医療

1　ガイドライン115頁。
2　条解243頁、南博方ほか『注釈行政不服審査法〔全訂版〕』264頁。

費支給対象者認定の取消処分について、当該処分は生活実態等の個別の事情を十分に考慮しないまま行われた違法なものであるとして請求を認容し、法46条2項2号の規定により、審査請求人に対し本件申請に係る受給者証を交付する処分をするほか、審査請求人及び本件児童が本件条例の規定により医療費の支給を受けることができる者であることを前提とした必要な措置を採る」例などがあげられている[3]。

　なお、申請に対する処分について、その根拠となる個別法令において、当該申請を認容しようとする場合に、審議会等の議を経るべきこと（諮問手続）や、関係行政機関との協議の実施その他の手続をとるべき旨の定めが設けられている場合には、審査庁は、法令の定めに従って、審議会等の議を経たり、あるいは、当該手続をとることができる（法46条3項・4項）。

(3)　事実上の行為

　「事実上の行為」とは、公権力の行使にあたる事実上の行為であり、人の収容や物の留置等がその例とされる[4]。

　事実上の行為は、処分のように法的効果を生じさせるものではないことから、審査請求に理由がある場合には、当該事実上の行為が違法または不当である旨を宣言し、かつ、以下のような措置をとることが必要である（法47条）。①審査庁が処分庁以外である場合には、審査庁は、当該事実上の行為の一部もしくは全部を撤廃し、または変更すべき旨を命ずる。ただし、審査庁が処分庁の上級行政庁以外である場合には、変更を命ずることはできない。②審査庁が処分庁である場合には、当該事実上の行為の一部もしくは全部を撤廃し、またはこれを変更する。いずれについても、審査請求人の不利益に変更することはできない（法48条）。

(4)　不作為

　審査請求の対象となった不作為に係る申請から相当の期間が経過し、かつ、

3　ガイドライン117頁。
4　条解249頁、宇賀Q&A169頁。

そのことを正当化する特段の事由も認められない場合には、審査庁は、当該不作為が違法または不当である旨を宣言する（法49条3項）。この場合において、審査庁が一定の処分をすべきものと認めるときには、①審査庁が不作為庁の上級行政庁である場合には、当該不作為庁に対し当該処分をすべきことを命じ、②審査庁が不作為庁である場合には、当該処分を行うことができる。その際、審査庁は、不作為に係る処分に関し、審議会等の議を経るべきこと（諮問手続）や、関係行政機関との協議の実施その他の手続をとるべき旨の定めが設けられている場合には、審議会等の議を経たり、当該手続をとることができる（同条4項・5項）。

Ⅲ　裁決の方式

　裁決は、裁決書により行わなければならず、審査庁が記名押印し、①主文、②事案の概要、③審理関係人の主張の要旨、④理由（第1号の主文が審理員意見書または行政不服審査会等の答申と異なる場合には、異なることとなった理由を含む）が記載されていることが必要である（法50条1項1号ないし4号。【書式15】参照）。そのほか、裁決の名あて人となる審査請求人の氏名や裁決の年月日も記載する必要があり、また、行訴法46条に基づき、当該裁決につき取消訴訟を提起する場合に被告とすべき者、出訴期間等についての教示を行うことも必要とされる[5]。

　さらに、再審査請求をすることができる場合には、再審査請求をすることができる旨並びに再審査請求をすべき行政庁および再審査請求期間を記載して、教示を行うことが必要である（法50条3項）。

　なお、法43条1項により行政不服審査会等への諮問を要しない場合には、裁決書に審理員意見書を添付しなければならない（法50条2項）。

5　ガイドライン120頁

【書式15】　裁決書例

裁　決　書

（ポイント）

・審査庁が付した事件番号を文書番号とともに記載することが望ましい。

（例）事件番号令和○年度○号

文書番号令和○年度○号

裁決日　○年○月○日

○○県○○市○○○○

審査請求人　○○　　○○

処分庁　○○

（例）

　　審査請求人○○　　○○が○年○月○日に提起した処分庁○○による○○法第○条に基づく○○処分に係る審査請求ついて、次のとおり裁決する。

（ポイント）

・いかなる法令（法令名及び条項）に基づいた処分なのか明示する。

主　　文

（例）

・本件審査請求に係る処分を取り消す。

　　審査請求人に対して、行政不服審査法第46条2項1号に基づき、○○処分をすべきである。

・本件審査請求を棄却（却下）する。

・法第○条の趣旨は、……にあると解される。本件処分は、法の趣旨を踏まえ、……ことが望まれる。（付言）

（ポイント）

・行審法50条1項に基づく記載事項である。

・行審法46条及び47条の規定を用いる際には、行審法の根拠条文を記載する。

・付言を付す場合には、項目を設けるとともに、結論に記載することで処分庁に伝わりやすくなる。

第1　事案の概要等

1　事案の概要

（例）

　　本件は、○○（処分庁）が審査請求人に対して○年○月○日付けで行った○○法第○条第○項の規定による○○処分に対し、審査請求人が、この処分は、○○である等と主張して、処分の取消しを求める事案である。

（ポイント）

・行審法50条1項に基づく記載事項である。

・3行～5行くらいで、端的にまとめる。

・誰が、どの法規に基づいて、どのような処分を行い、審査請求人がどのような理由に基づいて、どのような主張をしているか、を記載する。

（2　手続の特記事項）

（例）審理手続の併合

　　行政不服審査法第39条に基づき、○○法第○条に基づく処分庁○○による○○処分についての審査請求（事件番号○○）に関する審理手続及び○○法第○条に基づく処分庁○○による○○処分についての審査請求（事件番号○○）に関する審理手続を併合した。

（例）調査審議の併合

　　行政不服審査法施行令第21条に基づき、○○法第○条に基づく処分庁○○による○○処分についての審査請求（事件番号○○）の調査審議及び○○法第○条に基づく処分庁○○による○○処分についての審査請求（事件番号○○）の調査審議の手続を併合した。

（ポイント）

・審理過程において、審理手続の併合若しくは分離又は調査審議の併合若しくは分離を行なった場合には、対象となる審査請求を明らかにした上で、裁決書の冒頭に記載する。

第2　事実関係

1　関係法令等の定め（本件処分に係る根拠法令等）

（例）

　　　○○法第○条は、……と規定する。また、○○法施行規則第○条は、
　　……と規定する。○○処分の処分基準として、○○要綱には、……
　　と定められている。

（ポイント）

・原処分の内容及び理由を明らかにするために、根拠となった法律及び政省令、
　要綱の名称、条項及びその概要だけでなく、審査（処分）基準も記載する必要
　がある。

・根拠法令等に改正が行われていて、当該改正前の定めが本件処分に適用される
　場合には、その旨を明確にする必要がある。

2　処分の内容及び理由

（例）

　　　処分庁においては、○○という証拠から、～といった事実を認定し、
　　○○法第○条及び上記処分（審査）基準に当てはめた結果、○○法第
　　○○条に基づきＡは○○に該当すると判断し、審査請求人に対して○○
　　処分を行なった。

（ポイント）

・処分庁において、いかなる事実関係に基づきいかなる法規を適用して当該処分
　がされたのかを客観的に記載する。

3　審理員による審理手続及び調査審議の経過

（例）

　　　○年○月○日、審査請求人は、行政不服審査法第2条に基づいて、○
　　年○月○日に○○（処分庁）によって行われた○○処分に対する審査請
　　求を行った。

　　　○年○月○日、審理員が指名された。

　　　○年○月○日、○○（処分庁）より弁明書が提出された。

　　○年○月○日、審査請求人より反論書が提出された。

　　○年○月○日、審査請求人からの申立てにより、口頭意見陳述を実施した。

　　○年○月○日、審理員より審理員意見書が提出された。

　　○年○月○日、審査会において審議を行った。

　　○年○月○日、審査庁において審議を行った。

　　……。

（ポイント）

・*審査請求が行われてからの経過を記載する。*

第3　審理関係人の主張の要旨

（ポイント）

・*行審法50条1項に基づく記載事項である。*

（1）審査請求人の主張

（ポイント）

・*審査請求人の主張と事実を混同せずに、区別して記載する。*

・*審査請求書に書かれた事項について、必要十分な内容を引用するように努める。*
　特に、審査請求人の主張が十分に示される形となるよう留意する。

（2）処分庁の主張の要旨

（ポイント）

・*処分庁の主張と事実を混同せずに、区別して記載する。*

・*要件充足性を満たしていることを記載する。*

第4　論点整理

（例）

　・本件処分は、本件処分を行う基準のうち、○○と○○という点については、○○（客観的な証拠・事実）から明らかであり、審査請求人も争っていない。一方、○○については、基準に該当するか否かが直ちに明らかとまではいえず、審査請求人も争っているため、この点について判断する必要がある。

・本件申請は、審査基準のうち、○○〜○○については、○○（客観的な証拠・事実）から、該当しないことが明らかである。該当し得るものとしては、○○であり、この点について、本件申請の該当の有無について判断する必要がある。

（ポイント）

・論点になる内容とその理由を記載する。

・審理関係人の主張を踏まえた論点を整理した上で、不足する論点は審理員が追加する。

・不服申立手続では職権探知主義を採用するので、審理関係人の主張以外にも、必要な論点がないか留意する。

・「本件の論点は、本件処分に違法又は不当な点があるか否かである」といった論点整理は不適切である。

第5　裁決の理由

（ポイント）

・行審法50条1項に基づく記載事項である。

1　審査庁が認定した事実

（ポイント）

・「第4　論点整理」において整理した論点に関して、認定した事実を証拠を含めて書く。

・答申書が提出された後に職権で調査をした事実及びそれによって認定した事実がある場合には、その旨及び内容を記載する。

2　論点に対する判断

（例）

　本件審査請求の論点は、第4で記載したとおり、審査請求人が主張する○○という事実が、要領に規定する「やむを得ない事由」に該当するか否かである。この点、処分庁から提出された○○によれば、上記事実が「やむを得ない事由」に該当するということはできない。したがって、処分庁が行った○○という処分に違法又は不当な点はない。

（ポイント）

・まず論点を明確に示す。

・処分の根拠法令に対応する論点についての該当性等を書く。

（例）

　　最判○年○月○日によれば、……。

（ポイント）

・論点の検討に際して審査庁（審理員）が参考にした裁判例がある場合には、審査請求の事案と関連すると思われる裁判例の事案の類似性や当該裁判例が持つ意味を十分に吟味した上で、必要に応じて関連裁判例として挙げることも考えられる。

（３　答申書（又は審理員意見書）と異なる内容になった理由）

（例）

　　裁決書の内容が答申書（又は審理員意見書）と異なる内容となった理由は以下のとおりである。

　　……。

（ポイント）

・裁決書の主文（結論）が答申書又は審理員意見書と異なる場合だけではなく、結論に至る理由が異なる場合にも、その理由を記載することが望ましい。

第6　結論

（例）

　　・以上のとおり、本件審査請求には理由があることから、行政不服審査法第46条第1項の規定により、主文のとおり裁決する。なお、本裁決に併せ、行政不服審査法第46条第2項第2号の規定により、本件申請を認可する旨の処分をすることとする。

　　・以上のとおり、本件審査請求は理由がないから、行政不服審査法第45条第2項の規定により、主文のとおり裁決する。

　　・以上のとおり、本件審査請求は不適法であることから、行政不服審査法第45条第1項の規定により、主文のとおり裁決する。

（ポイント）

・*端的に記載する。*

（第7　付言）
（例）
　・法第○条の趣旨は、……にあると解される。上記処分は、法の趣旨を
　　踏まえ、……ことが望まれる。
　・なお、答申書には付言として・・・・・・が言及されている。

（第8　添付書類）
（例）
　行政不服審査法第50条第2項に基づいて審理員意見書を添付する。
（*ポイント*）
・*行審法50条2項に基づいて審理員意見書を添付する場合には、その旨を記載す*
る。

　　　　　　　　　　　　○年○月○日
　　　　　　　　　　　　審査庁　○○県知事　　　○○　○○　官印
（教示欄）
※〔様式例第78号〕「審査請求の裁決書における教示の例」参照

注1　各欄の記載は一例である。
注2　なるべく個人情報が現れないように工夫すること。
注3　却下の場合には、事案に応じて、項目を省略する。
　　　　　　　　（出典：ガイドライン〔様式編〕126頁〔様式例第77号〕より）

Ⅳ　裁決の送達と効力

1　裁決の送達

　裁決は、審査請求人（当該審査請求が処分の相手方以外のものによってなされ、処分等の全部または一部の取消し・撤廃・変更の裁決がなされる場合には、審査請求人および処分の相手方）に送達された時に、その効力が生ずる（法51条1項）。裁決の送達は、裁決書の謄本を送付することによって行う（同条2項本文）。送達を受けるべき者の所在が知れない場合や裁決書の謄本を送付することができない場合には、公示送達の方法によることができる（同項ただし書）。また、審査庁は、裁決書の謄本を参加人および処分庁等にも送付しなければならない（同条4項）。

2　裁決の効力

⑴　拘束力

　裁決は、行政処分の一種であるが、争訟手続を経てなされる行政処分であることから、特別の効力を有する。その1つが拘束力であり、裁決は関係行政庁を拘束する（法52条1項）。したがって、関係行政庁は裁決の内容を実現する義務を負うことになり、処分の取消しまたは撤廃の裁決があった場合には、同一の事情の下で同一内容の処分を行うことはできなくなる。ただし、拘束力を有するのは認容裁決のみであり、行訴法33条1項との平仄から却下または棄却の裁決には拘束力は生じないとされる。そのため、却下・棄却裁決の場合でも、処分庁が職権で原処分を取り消し、または変更することも妨げられない[6]。

6　条解269頁、南ほか・前掲（注2）297頁。

　申請に基づいてした処分（申請認容処分）が手続の違法・不当を理由として裁決が取り消された場合または申請拒否処分が裁決で取り消された場合には、処分庁は裁決の趣旨に従って、あらためて申請に対する処分をしなければならない（法52条2項）。行訴法33条3項に対応する条文であり[7]、同一の手続を繰り返すことは許されない。

　また、法令の規定により公示された処分が裁決により取り消され、または変更された場合は、処分庁は、当該処分が取り消され、または変更された旨を公示しなければならない（法52条3項）。裁決による取消しまたは変更の場合だけでなく、鉱業法131条1項・採石法38条のように、個別法で裁決の要旨の公示が義務付けられる場合がある[8]。

　さらに、法令の規定により処分の相手方以外の利害関係人に通知が義務付けられている処分が裁決により取り消され、または変更された場合には、処分庁はその通知を受けた者（審査請求人および参加人を除く）にも、当該処分が取り消され、または変更された旨を通知しなければならない（法52条4項）。

(2)　その他の効力

　その他、一般的には、一定の行政過程、特に争訟手続を経た行政処分には不可変更力、すなわち「処分庁が自らこれ（筆者注：行政処分）を変更することができない」効力があるとされる[9]。ただし、裁決の同一性を害しない範囲で、計算上の誤り等を訂正することは認められるであろう[10]。

V　審査請求人側の対応

　裁決が全部認容以外の裁決であった場合、すなわち、却下裁決、棄却裁決、

7　宇賀238頁。

8　宇賀240頁。

9　塩野宏『行政法Ⅰ〔第6版〕』175頁、最判昭和29・1・21民集8巻1号102頁、最判昭和42・9・26民集21巻7号1887頁。

10　ガイドライン124頁。

一部認容裁決であった場合、あらためて、取消訴訟等を行うのかの検討が必要である。その際、処分の取消訴訟を行うのか、裁決の取消訴訟を提起するかにより、主張内容が異なってくるため（行訴法10条2項）、違法事由を慎重に判断する必要がある。すなわち、処分取消訴訟を提起する場合には、裁決書記載の理由を十分に検討し、法令のあてはめや解釈に誤りがあり司法審査で取り消される可能性があるか、原処分時の理由と齟齬がないか等を十分に検討すべきである。裁決の取消訴訟を提起する場合、審理手続に瑕疵があれば、それは裁決固有の瑕疵となる。裁決の主文が審理員意見書または答申と異なる主文である場合を含め、法50条1項4号の定める理由が不十分な場合も、裁決固有の瑕疵となることから、審査請求人および審査請求人代理人としては、これらを十分に検討したうえで、取消訴訟等の提起を検討することになる。

◆著者紹介◆

石川　美津子（いしかわ　みつこ）　　弁護士（東京弁護士会）

【主要著書・論文】

日本弁護士連合会行政訴訟センター編『実例解説行政関係事件訴訟《最新重要行政関係事件実務研究３》』（共著、青林書院、平成26年）

行政手続学会編・山下清兵衛監修『行政手続実務大系』（共著、民事法研究会、令和３年）

「新たな改革機関とアメリカ合衆国行政会議」（季刊行政管理研究182号、令和５年）

木村　夏美（きむら　なつみ）　　弁護士（三重弁護士会）

【主要著書・論文】

日本弁護士連合会行政訴訟センター編『実例解説行政関係事件訴訟《最新重要行政関係事件実務研究３》』（共著、青林書院、平成26年）

日本弁護士連合会行政訴訟センター編『改正行政不服審査法と不服申立実務』（共著、民事法研究会、平成27年）

日本弁護士連合会行政訴訟センター編『行政不服審査法の実務と書式〔第２版〕』（共著、民事法研究会、令和２年）

行政不服審査法実務ハンドブック

令和 6 年 6 月12日　第 1 刷発行

著　者　石川美津子・木村夏美
発　行　株式会社　民事法研究会
印　刷　株式会社　太平印刷社

発行所　株式会社　民事法研究会
　　　　〒150-0013　東京都渋谷区恵比寿3-7-16
　　　　〔営業〕TEL 03（5798）7257　FAX 03（5798）7258
　　　　〔編集〕TEL 03（5798）7277　FAX 03（5798）7278
　　　　http://www.minjiho.com/　　info@minjiho.com

組版／民事法研究会
落丁・乱丁はおとりかえします。ISBN978-4-86556-625-3

最新の行政不服審査法と新事例も踏まえ、大幅な増補改訂！

行政不服審査法の実務と書式〔第2版〕

日本弁護士連合会行政訴訟センター　編

A5判・368頁・定価 4,180円（本体 3,800円＋税 10％）

▶平成26年の行政不服審査法の抜本改正を受けて、迅速・的確実務の運用に資することを目的に刊行した『改正行政不服審査法と不服申立実務』を、その後の行政事件訴訟法等の関係法令の改正や最新の判例・実務・学説を収録し改訂を施した待望の書！

▶第2版では、新たに「第12章　労災保険」を追加した増補版！

▶「簡易迅速かつ公正な手続」の下で国民の権利・利益の救済を図る行政不服審査手続の実践的手引書！

▶行政事件にかかわる弁護士・行政書士・司法書士はもとより、すべての行政関係者にとって必須の知識を網羅した最新版！

本書の主要内容

発行　民事法研究会

〒150-0013　東京都渋谷区恵比寿 3-7-16
（営業）TEL. 03-5798-7257　FAX. 03-5798-7258
http://www.minjiho.com/　info@minjiho.com

最新の法令・判例や実務の動向を収録し大幅改訂！

裁判事務手続講座〈第22巻〉

書式 行政訴訟の実務
〔第三版〕
─行政手続・不服審査から訴訟まで─

日本弁護士連合会行政訴訟センター　編

Ａ５判・433頁・定価 4,950 円（本体 4,500 円＋税 10％）

▶第三版では、平成 26 年に抜本改正された行政不服審査法や、第二版刊行後の行政手続法等の関係法令の改正、最新の判例・実務・学説を収録し、8 年ぶりに大幅改訂増補を施した待望の書！

▶行政手続と行政手続法の全体構造について、行政処分手続から行政不服審査・行政審査手続など各種の手続の流れと具体的な行政訴訟について、書式と一体として詳解した実践的手引書！

▶第三版で追補した第 12 章「住民訴訟」では、地方自治法に定められた住民監査制度と住民訴訟制度の手続を書式と一体として詳細に解説！

▶行政訴訟の中心をなす取消訴訟については、訴訟要件と審理手続に詳細な検討を加えつつ訴訟の終了までの手続を実践的に論及しているので、弁護士や司法書士、行政書士、行政の担当者をはじめ関係者にとって必備の書！

本書の主要内容

発行　民事法研究会

〒150-0013　東京都渋谷区恵比寿 3-7-16
（営業）TEL. 03-5798-7257　FAX. 03-5798-7258
http://www.minjiho.com/　info@minjiho.com

行政訴訟の具体的イメージがつかめ、直ちに取り組める！

〈事例に学ぶシリーズ〉

（『事例に学ぶ行政訴訟入門』 改題）

事例に学ぶ
行政事件訴訟入門〔第2版〕
―紛争解決の思考と実務―

弁護士　野村　創　著

A5判・284頁・定価 2,970 円（本体 2,700 円＋税 10%）

▶相談から解決までの思考プロセス、訴状起案、裁判経過までを対話方式を通して平易に解説！

▶行政不服審査法の全面改正に合わせて、不服申立てに関する解説を充実させ 10 年ぶりに改訂！

▶新たに「遺族厚生年金不支給決定取消訴訟」を収録したほか、不作為の違法確認訴訟、処分取消訴訟、不利益処分の事前差止め、実質的当事者訴訟を収録！

本書の主要内容

発行　民事法研究会

〒150-0013　東京都渋谷区恵比寿 3-7-16
（営業）TEL. 03-5798-7257　FAX. 03-5798-7258
http://www.minjiho.com/　info@minjiho.com

わが国で統一的な法制度が整備されていない行政代執行について、改正案を提示！

行政の実効性確保法制の整備に向けて
──統一法典要綱案策定の試み──

高橋 滋 編著

A 5 判・498頁・定価 6,380円（本体 5,800円＋税10%）

▶制度の整備が立ち遅れてきた行政の実効性確保の領域に関し、通則的な法律である行政代執行法（昭和23年法律第43号）及び同法周辺に位置する個別法の仕組みについて改革の具体像を提示！

▶将来の法案作成作業に資する程度まで法制的な検討を加えた行政実効性確保法要綱案とその基本的な考え方の解説及び行政の実効性確保に関する諸論稿を収録！

〔執筆者〕
高橋 滋（法政大学法学部教授）／松永邦男（元内閣法制局第一部長）／濱西隆男（筑波学院大学経営情報学部教授）／
田中良弘（立命館大学法学部教授）／須藤陽子（立命館大学法学部教授）／木藤 茂（獨協大学法学部教授）／
野口貴公美（一橋大学大学院法学研究科教授）／服部麻理子（山口大学経済学部准教授）／
小舟 賢（甲南大学法学部准教授）／宮森征司（新潟大学法学部准教授）／周 蒨（久留米大学法学部教授）

▎本書の主要内容▎

HPの商品紹介は
こちらから→

発行　民事法研究会

〒 150-0013　東京都渋谷区恵比寿 3-7-16
（営業）TEL. 03-5798-7257　　FAX. 03-5798-7258
http://www.minjiho.com/　　info@minjiho.com